浙江大学重大项目学术研究成果出版工程

生鲜食用农产品物流环境适应性及品质控制机制

陈昆松　徐昌杰　主编

ZHEJIANG UNIVERSITY PRESS
浙江大学出版社

《生鲜食用农产品物流环境适应性及品质控制机制》
编委名单

前　言

我国幅员辽阔,生鲜食用农产品种类存在区域性生产与普遍性供给的矛盾,而贮藏物流是解决这一矛盾的必然途径。然而,由于我国贮藏物流科技相对落后,每年生鲜食用农产品品质劣变和腐败导致的损失达数千亿元。针对这一产业问题,我国自"六五"开始在国家层面支持相关研究项目;进入"十一五"后,支持力度逐渐加大。但贮藏物流过程中生鲜食用农产品品质劣变的生物学机制与调控途径仍不清楚,环境因子与品质劣变的耦合效应也不明了,相应技术研发因此缺乏理论支撑,难以系统性解决贮藏物流科技产业问题。

国家在"十三五""现代食品加工及粮食收储运技术与装备"重点专项中设立了"生鲜食用农产品物流环境适应性及品质控制机制研究"(2016YFD0400100)基础性国家重点研发计划项目,旨在通过研究食品贮藏和物流过程中品质变化的物质基础及生物学机制,重点阐明生鲜食用农产品现代贮藏和物流技术对食品品质保持与调控规律及调控机制。项目由浙江大学牵头,包括北京大学、重庆大学、中国海洋大学、西北农林科技大学、华南农业大学、中国科学院大学、中国农业科学院和国家粮食局科学研究院等科研单位在内的优势研究团队组成项目组。

5年来,依托一批国家和省部级重点实验室、工程实验室等基地,项目组以果蔬、水产品和粮食谷物等大宗和特色生鲜食用农产品为对象,综合运用传统生物学与现代分子生物学和组学技术,以及相关联的数学、物理学和机械工程等学科手段,围绕产品物流期间的品质劣变机制、环境响应及劣变控制途径的主题,分"风味品质变化与调控机制""质地变化机制与调控""品质变化的环境应答机制与控制""稻谷玉米淀粉代谢及黄变机制""水活度和微生物调控品质劣变机理""蓄冷传热机制及其与品质控制的耦合效应"六个课题开展研究,完成全部研究内容并实现预期目标。

为充分体现项目研究成果,为未来研究做参考,研究团队组织编写了《生鲜食用农产品物流环境适应性及品质控制机制》一书。全书共8章,在分析国内外研究背景的基础上,主要从果蔬成熟衰老与品质变化的生物学基础、果蔬采后品质劣变的环境应答及其调控研究、粮食与水产品产后品质劣变及其调控研究、生鲜食用农产品抗病机制与控制途径研究、超级冷链和蓄冷传热与生鲜食用农产品品质劣变控制研究等5个方面介绍相关进展,并对生鲜食用农产品贮藏物流研究进行展望。最后附录为基于项目发表的代表性论文。

本书成稿离不开研究团队各位成员的努力,在此谨对大家为项目研发工作开展和本书编写所做的努力一并表示衷心感谢。

编者

2021年5月

目　录

第1章
绪　论
——

第2章
国内外研究情况
——

第3章
果蔬成熟衰老与品质变化的生物学基础研究
——

第4章
果蔬采后品质劣变的环境应答及其调控研究

第 5 章

粮食与水产品产后品质劣变及其调控研究

————

第 6 章

粮食和果蔬真菌病害发生机制与控制途径研究

————

第7章

超级冷链和蓄冷传热与生鲜食用农产品品质劣变控制研究

——

第8章

生鲜食用农产品贮藏物流研究展望

——

第1章 绪 论

生鲜食用农产品的多样化供给与消费是衡量一个国家社会发展和生活水平的重要指标,也是农业现代化的基本特征。我国幅员辽阔,人口众多,生鲜食用农产品种类繁多,且存在区域性生产与普遍性供给的矛盾,生鲜食用农产品贮藏物流科技是解决这一民生问题的重要保障,已经成为农业产业的新业态。相对于欧、美、日等发达国家,我国尚未建立完善的农产品贮藏物流体系,每年生鲜食用农产品品质劣变和腐败导致的损失达数千亿元。因而,对贮藏物流品质劣变和腐败损耗发生机制及其调控途径的解析是贮藏物流产业亟待解决的核心问题。

研究表明,生鲜食用农产品损耗的主要原因是产后自身衰老消耗和抗性下降,以及对贮藏物流环境不适应所造成的品质劣变和腐败;微生物是导致品质劣变和腐败损耗的主要诱因之一,水活度直接影响微生物导致的腐败损耗;蓄冷传热动力学是影响冷链物流微环境均匀温度场的主要因素。但在贮藏物流过程中品质劣变的生物学机制与调控途径仍不清楚,环境因子与品质劣变的耦合效应等尚待厘清。开展相关研究,不仅可为农产品采后品质维持及相应技术研发提供理论依据,也可为相关领域的应用基础研究水平进入国际先进行列提供可能。

为探索生鲜食用农产品物流环境适应性及品质控制机制,研究团队以果蔬、水产品和粮食等农产品为对象,从生鲜食用农产品的风味品质变化与调控机制、质地变化与调控机制、品质变化的环境应答机制与控制,以及稻谷玉米淀粉代谢及黄变机制、水活度和微生物调控品质劣变机制、蓄冷传热机制及其与品质控制的耦合效应等方面开展研究(图1.1)。研究团队围绕贮藏物流过程品质劣变的生物学机制、环境因子与品质控制的耦合效应、品质劣变的调控途径与效应等重要科学问题,以品质控制为核心,以环境调控为手段,通过农工交叉和理工融合的方案,利用基因组、代谢组、转录组和蛋白组等组学技术,系统解析温度、湿度、气体等环境因子对产品衰老和主要代谢及生理失调的影响,以及品质劣变和腐败损耗的生物学机制;确定不同产品贮藏物流环境适宜参数;揭示蓄冷传热动力学特性、机制及其与品质控制的耦合效应;明确微生物与水活度及防腐剂之间相关参数的关系;研究稻谷、玉米等贮藏粮堆生态多场耦合系统模型、粮堆结露发热霉变和黄变机制等。

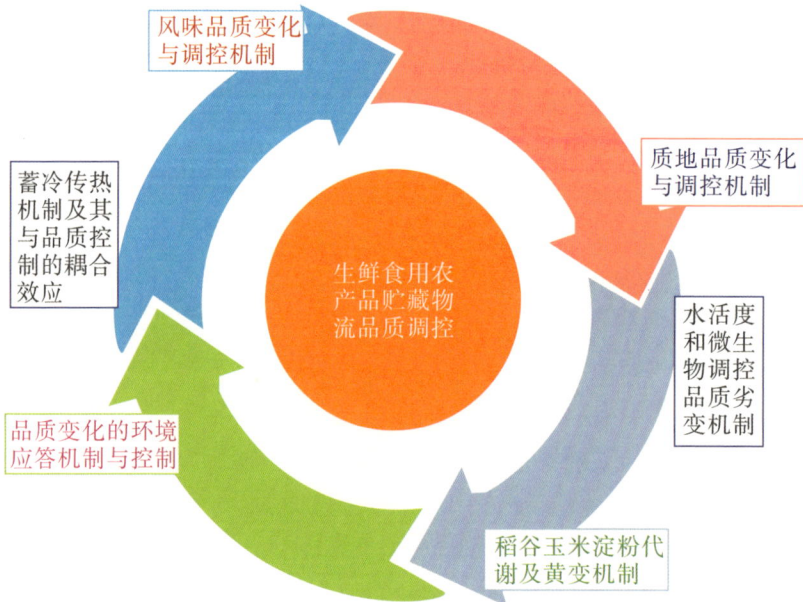

图1.1　各研究方向的逻辑关联性

1.1　研究目标

研究围绕品质劣变的生物学机制、贮藏物流过程的环境因子与品质控制的耦合效应、贮藏物流过程品质劣变的调控途径与效应等科学问题,以贮藏物流过程品质控制为核心,以贮藏物流微环境调控为手段,通过组学技术重点研究风味(糖、酸、芳香物质)、质地等品质性状,以及淀粉、蛋白质和脂类等基础物质的代谢机制,揭示腐败劣变的生物学机制,阐明生鲜食用农产品贮藏和物流过程中品质变化的物质基础及生物学机制,探索产后品质调控新路径。取得一批原创性研究成果,培养并稳定我国农产品贮藏物流的基础研究队伍,为生鲜食用农产品贮藏物流这一战略性新兴产业提供技术和人才支撑。

1.2 研究内容

以果蔬、水产品和粮食谷物等大宗和特色生鲜食用农产品为对象,围绕产品物流期间的品质劣变、环境因子、调控途径开展研究。研究技术路线(图1.2)和主要研究内容包括以下几个方面:

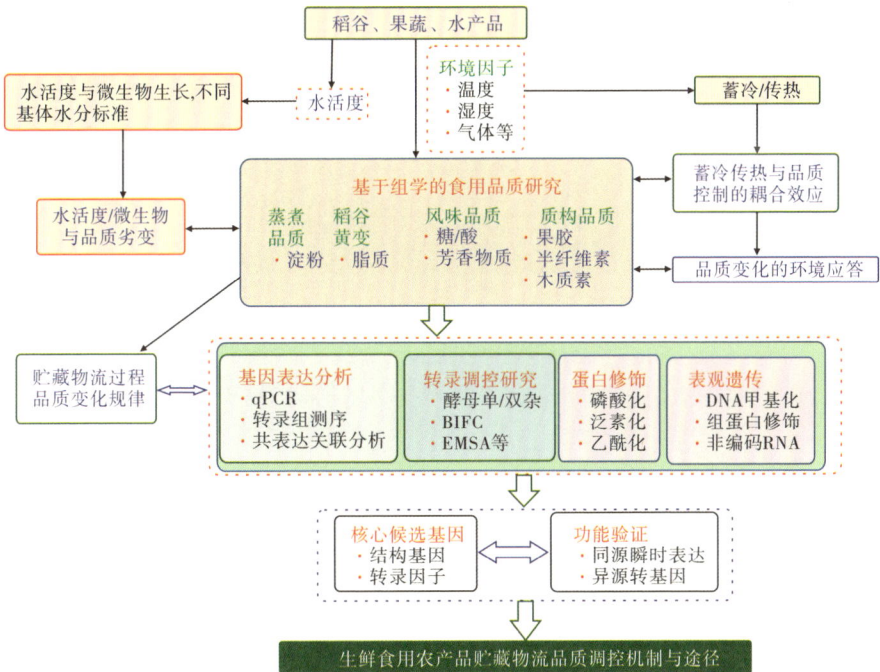

图1.2 研究技术路线

(1)生鲜食用农产品产后品质劣变的生物学机制研究

①品质劣变的结构、物质与代谢基础

● 果蔬产品物流期间糖、有机酸与芳香物质等风味关联物质变化规律分析;

● 农产品采后软化、木质化、自溶等质地性状相关的细胞壁组分与超微结构分析;

● 稻谷贮藏期间淀粉、蛋白质和脂类物质变化及其与蒸煮品质变化和黄变发生的关系分析;

● 稻谷黄变关联生物标记物的挖掘。

②品质劣变关键基因挖掘与功能鉴别

● 果蔬产品风味品质劣变的重要靶基因以及关键转录因子挖掘与功能鉴别；

● 生鲜食用农产品质地变化重要靶基因以及关键转录因子挖掘与功能鉴别；

● 稻谷淀粉代谢关键基因互作与功能鉴别。

③品质劣变生物学机制研究

● 生鲜食用农产品风味品质代谢以及质地变化的生物学机制，特别是转录（转录因子与靶基因互作，转录因子间互作）与转录后（蛋白磷酸化、泛素化等）调控机制、表观遗传调控机制（DNA甲基化、组蛋白修饰等）；

● 基于机体生物代谢的贮藏过程稻谷黄变机制。

(2)生鲜食用农产品贮藏物流过程中环境因子与品质控制的耦合效应研究

①品质变化对温度环境的应答机制

● 贮藏物流环境温度对生鲜食用农产品品质的影响；

● 基于膜脂代谢的环境温度应答的结构基因和转录因子；

● 基于脂质代谢的温度调控品质变化的转录和转录后机制；

● 基于表观遗传对产后品质变化的调控机制。

②稻谷玉米品质变化对环境的应答机制

● 环境因子对淀粉精细结构、稻米质构的调控效应及其机制；

● 粮粒表层吸附结露和粮堆生态多因子相互耦合效应。

③品质变化对腐败微生物的应答机制

● 微生物影响品质劣变机制；

● 水活度在调控微生物生长与影响产品品质劣变中的作用及机制；

● 防腐剂抑制微生物生长的机制。

(3)生鲜食用农产品贮藏物流过程品质劣变的调控途径与效应研究

①基于技术参数优化的品质劣变控制

● 优化调控果实风味品质劣变的贮藏物流技术参数；

● 优化控制质地变化的贮藏物流技术参数；

● 优化旨在减轻冷害的冷链物流技术参数；

- 提出稻谷、玉米贮藏物流的适宜环境与技术参数，建立稻谷、玉米发热霉变的预警模型；
- 建立稻谷黄变预警模型。

② 基于水活度调控的品质劣变控制

- 建立可溯源至国家标准的食品中水活度测量技术体系；
- 制备不同基体水分标准参考物质。

③ 基于蓄冷传热的品质劣变控制

- 热管蓄冷传热特点与机制及蓄冷材料传热机制；
- 蓄冷传热微环境对贮藏物流中果蔬细胞成熟衰老和品质劣变的作用及机制；
- 蓄冷传热机制对水产品水分迁移规律和贮藏物流品质的耦合作用；
- 蓄冷传热样机与运行参数优化及时间-温度-忍耐性的品质货架期预测模型建立。

1.3　研究方法

针对生鲜食用农产品贮藏物流品质劣变机制、环境响应及劣变控制途径，综合运用传统生物学与现代分子生物学和组学技术，从产品结构、物质组分、生化代谢、关键功能基因及关联转录调控因子等方面展开研究，揭示品质劣变机制；采用生物学、数学、流体力学等技术手段，研究品质劣变对贮藏物流物理和生物环境的响应机制，探索相对应的控制途径；结合物理学、机械工程等学科技术手段研究基于蓄冷传热的品质劣变控制途径。涉及的主要研究方法如下。

（1）利用液相色谱–质谱联用系统（LC-MS）开展膜脂代谢组分与含量的测定。

（2）粮堆温度场、湿度场、微气流场等多场耦合数学模型构建。

（3）采用基于格子–玻尔兹曼方法（Lattice Boltzmann method，LBM）的数值模拟方法，模拟物质相变过程能质输运规律。

（4）利用分子动力学（molecular dynamics，MD）–有限体积法（finite volume method，FVM）耦合方法（MD-FVM）模拟涉及时空多尺度流动与传热的特性及机制。

（5）利用自建的拉曼/红外显微光谱成像平台获取细胞图像（DXR激光共焦显微拉曼光谱成像系统、Nicolet iN10显微红外高光谱成像系统）。

(6)拉曼/红外显微光谱图像数据挖掘:采用滤波算法去除拉曼光谱中的宇宙射线,采用基线校正算法去除荧光干扰,采用多元曲线分辨法(MCR)、多元曲线分辨-交替最小二乘法(MCR-ALS)等进行重叠光谱峰解析,参照Matlab程序进行。

(7)采用核磁共振技术分析水产品在蓄冷传热过程中的水分迁移规律。

(8)通过SDS-聚丙烯酰胺凝胶电泳(SDS-polyacrylamide gel electrophoresis,SDS-PAGE)分析水产品在蓄冷传热过程中蛋白质变化与水分迁移的耦合机制。

(9)利用激光共聚焦三维成像技术研究水产品在蓄冷传热过程中微生物生长繁殖与水分迁移间相互影响的耦合机制。

(10)基于同位素标记相对和绝对定量(isobaric tags for relative and absolute quantification,iTRAQ)技术的蛋白质组学分析。

(11)采用SMART™ RACE cDNA amplification kit(Clontech)和GenomeWalker™ Universal kit(Clontech)开展启动子的分离。

(12)转录因子家族成员和代谢结构基因分离:简并引物聚合酶链反应(polymerase chain reaction,PCR)方法和高通量测序获得的序列信息相结合。

(13)利用实时定量PCR(real-time quantitative PCR,RT-qPCR)方法检测基因表达。

(14)采用双荧光素酶体系的转录因子与基因启动子的互作研究体系,以海肾荧光素酶(Renilla,REN)为内参,萤火虫荧光素酶(Luciferase,LUC)为报告,LUC/REN来比较不同样品间目的报告基因的激活程度。

(16)采用酵母双杂交(Y2H)、双分子荧光互补(bimolecular fluorescence complementation,BiFC)、荧光素酶互补图像技术(luciferase complementation imaging assay,LCI)和免疫共沉淀(co-immunoprecipitation,CoIP)研究蛋白质互作。

(17)采用电泳迁移率变动分析(electrophoretic mobility shift assay,EMSA;又称凝胶阻滞实验)、酵母单杂交(Y1H)和染色质免疫共沉淀(chromatin immunoprecipitation,ChIP)研究DNA-蛋白质互作。

(18)基于瞬时表达系统的基因功能验证。

(19)建立模式植物转基因体系,开展基于异源转基因体系的基因功能验证。

1.4 重大研究进展

生鲜食用农产品贮藏物流与品质调控涉及生物学特性、环境应答、能质输运、调控措施等多维度、多尺度的前沿基础科学问题。研究从"十二五"末的相关基因功能鉴别、单个转录因子调控等生物学机制，深入多个转录因子复合体调控，以及基于DNA甲基化和组蛋白修饰的表观遗传等多层次的分子机制。

研究阐释了生鲜食用农产品应答物流环境与品质劣变的表观遗传与转录调控新机制。研究发现基于转录因子复合体、DNA甲基化、组蛋白修饰和磷酸化等的表观遗传与转录调控机制是产品应答温度、水分、气体等环境因子与风味、质地、黄变、霉变等品质变化的耦合机制，从而提出了冷链物流的能质输运优化和节能保质等新理念和新方法。这些新发现和新认知为生鲜食用农产品的物流技术精准调控研发提供了新依据。

研究在采后果蔬应答物流环境因子与品质调控的表观遗传机制方面取得了突破，相关研究成果先后在 *Genome Biology*、*PNAS*、*Trends in Food Science & Technology*、*Natural Product Reports*、*Small Methods*、*Applied Energy*、*New Phytologist*、*Plant Biotechnology Journal*、*Plant Physiology*、*Energy Conversion and Management*、*The Plant Journal* 等国际重要学术刊物发表。此外，研究成果获得一批国家发明专利和软件著作权授权；部分成果分别获教育部自然科学奖一等奖1项，浙江省科技进步奖一等奖1项。

研究成果为深入探明前沿科学问题积累了基础，并为贮藏物流产业的品质调控技术改进提供了新方法和新思路。

第2章　国内外研究情况

农产品产后贮藏物流期间的品质劣变是一个不可逆的程序化过程,受自身衰老消耗、抗性下降、不适宜贮藏物流环境等因素的影响。这些品质劣变涵盖了风味及食用口感。生鲜食用农产品贮藏物流过程中糖、酸和芳香物质的变化是影响风味品质的决定性因素,碳水化合物、蛋白质和脂肪酸等是品质劣变的重要基础物质,而食用口感或咀嚼品质则主要受到产品质地特性的影响。

20世纪80年代以前,国内外相关研究主要侧重于品质相关组分与含量的鉴定及代谢相关酶活性。20世纪80年代至20世纪末,随着生物技术的发展和应用,相关研究开始转向品质相关基因的克隆及功能解析。21世纪以来,随着基因组、转录组、代谢组、蛋白组等技术手段的快速发展与应用,生鲜食用农产品产后品质研究也初步进入了转录机制研究、调控网络解析、转录后调控研究及表观遗传调控机制解析阶段。现将近年来国内外主要相关研究进展情况概述如下。

2.1　果蔬采后风味品质变化及其调控

果蔬风味品质与产品所处的发育阶段密切相关。果实成熟期间就发生了香味变浓、酸味减轻等有利于食用品质形成的变化,但随之而来的衰老及贮藏物流环境带来的低温或缺氧等胁迫导致果实产生异味。因此,风味品质变化及其调控成为近年来国内外研究的热点。

研究发现,糖、酸和芳香物质是风味品质形成的物质基础,其组分与含量的变化是采后果蔬风味品质变化的主要原因(Klee和Giovannoni,2011)。在21世纪初,国内外对果蔬采后糖、酸和芳香物质代谢的组分变化有了较系统的研究,也鉴别了参与风味物质代谢的系列结构基因,如参与酸代谢的

CiS、*Aco*、*PEPCK*，参与糖代谢的 *Ivr*、*SPS* 和 *AGPase*，以及参与芳香物质代谢的 *LOX* 等（张上隆和陈昆松，2007）。近年来，开始挖掘到一些与品质关联物质转运相关的蛋白质，如与草莓糖积累相关的 FaSUT1（Jia 等，2013）、广泛参与柠檬酸积累调控的两类质子泵（V-ATPase 和 V-PPase）（Etienne 等，2013）；在转录调控研究领域也有探及，如分别影响番茄果实糖和有机酸积累的 *SlARF4*（Sagar 等，2013）和 *SlAREB1*（Bastías 等，2011）等。然而，这些转录研究仍局限于极少数园艺植物，且极少涉及贮藏物流环境对转录调控的影响。此外，由于植物转录因子种类及成员众多，且一些转录因子功能多样，所以现今对果蔬采后风味物质变化的转录及转录后调控的了解仍十分有限，特别是在芳香物质的研究上近乎空白。

风味物质变化是果实成熟衰老进程中的一个方面，对果实成熟衰老的全局调控已引起国内外研究者的关注。在 20 世纪，乙烯在调控果实成熟衰老中的作用广受关注；进入 21 世纪以来，新的调控因子被陆续提出，其中表观遗传因素最受重视，特别是 DNA 甲基化。近来，Zhong 等（2013）研究发现 DNA 甲基化抑制剂 5-氮胞苷可诱导番茄果实提前成熟，并鉴别出果实成熟期间启动子 DNA 甲基化程度发生显著改变的重要转录因子基因 *RIN*（Ripening inhibitor）。RIN 具有多个靶基因，其中 *LOX* 涉及番茄果实香味品质形成。这一研究开辟了果实成熟衰老期间风味物质代谢调控的新领域，为解析园艺产品采后风味物质变化提供了新视角，可供其他同类研究借鉴。

2.2　果蔬采后质地变化及其调控

果蔬采后质地变化主要包括软化和木质化两种类型，是果实采后品质的重要指标，既影响食用感受，也直接与采后腐烂损耗关联，因而是果蔬采后最重要的研究命题之一。

20 世纪，科学家先后运用酶活性、分子生物学和生物技术手段发现了参与果实软化的多聚半乳糖醛酸酶（polygalacturonase，PG）、果胶裂解酶（pectate lyase，PL）和木葡聚糖内糖基转移酶（xyloglucan endotrans-glycosylase，XET）等一系列细胞壁水解酶及 EXP 蛋白（张上隆和陈昆松，2007）。基于转基因技术，耐贮番茄、甜瓜、苹果和猕猴桃等先后取得成功。相对软化而言，果实木质化研究较少。进入 21 世纪以来，枇杷等果实采后木质化规律被探明，参与果实木质化的结构基因 *CAD* 和 *4CL* 等也先后得到鉴别（Li 等，2010）。

质地变化也是果蔬成熟衰老全局变化的一个方面,通常与风味等其他变化同步,均受共同的上游因子所调控。果蔬成熟衰老的转录调控受到重视,一系列转录因子被挖掘。乙烯是果实成熟衰老及质地变化的重要调节因子,乙烯信号转导元件和乙烯响应因子(ethylene response factors,ERF)的调控作用及机制相对较为清晰。Yin等(2010)研究表明,AdEIL2和AdEIL3可增强猕猴桃AdXET5启动子活性,而AdERF9则起显著抑制作用。除此之外,RIN和NAC(NAM、ATAF1/2和CUC2)在调控质地变化中的作用在番茄上已见报道(Fujisawa等,2014;Ma等,2014)。相比之下,果实木质化的转录调控研究严重滞后,直到最近才在枇杷上鉴别出EjMYB1(转录激活子)和EjMYB2(转录抑制子)(Xu等,2014),以及通过与它们互作进行进一步调控的EjAP2-1(Zeng等,2015)。

不可否认,质地变化是个复杂的过程,涉及多个层面的调控,影响因素众多,仍需广泛而深入研究,新的转录因子有待挖掘。果实采后质地变化在不同种类、品种间存在显著差别,例如富含淀粉的香蕉和猕猴桃果实的采后软化有着相对独有的特征,且前人已推测淀粉降解在质地变化中起到重要作用,但缺乏细致且有力的实验证据,而淀粉降解的转录调控更是空白。

2.3 果蔬采后冷害及其调控

果蔬采收之后进入衰老阶段,低温是延缓衰老变化的先决条件。然而,不少果蔬在长期低温贮藏物流期间发生褐变、软化障碍或木质化、香味丧失和异味产生等不良变化,严重影响果蔬采后品质和耐贮性,给产业造成严重损失。因而,探明冷害发生规律、影响因素及其发生机制,创新冷害控制措施,是果蔬采后生物学的重要研究主题。

国内外科学家对果蔬采后冷害机制有着长期的研究,在生理学领域取得了较大进展。研究发现,生物膜脂不饱和程度的降低及膜脂大类组分的变化导致膜流动性降低,与冷害发生紧密关联(Sevillano等,2009)。另一个重要机制是,冷害温度下果蔬组织氧化胁迫加剧,自由基积累,进而使膜系统等遭到破坏(Scandalios,1993)。减轻冷害的许多措施被发现可以诱导提高果实抗氧化活性。此外,不适低温下呼吸链受损导致的能量亏缺在果蔬冷害发生中也起着关键作用(Jiang等,2007)。

果蔬采后冷害虽不同于植株冷害,但也存在共同或相似的机制。20世纪,在植株上的研究表明,冷害响应存在依赖脱落酸(abscisic acid,ABA)和不依赖 ABA 的两种信号途径,其中不依赖 ABA 的信号途径为研究较为充分的 ICE1-CBF-COR 途径(Shi 等,2015)。在这一信号传导途径中,ICE1 和 CBF 均为转录因子,分别属于 bHLH 和 AP2/ERF 基因家族,表明转录调控在冷害发生及控制中发挥着重要作用。借鉴模式植物植株冷害研究,果蔬采后冷害发生与调控的研究也深入转录水平。近来,在果蔬应答低温胁迫中发挥重要作用的一些转录因子得到挖掘,如 *PpCBF1/5/6* 参与桃果实采后冷害控制(Liang 等,2013)。在香蕉上,MaNAC1 通过作用于 *ICE* 和 *CBF* 而参与丙烯诱导的耐冷性(Shan 等,2014),从香蕉中分离的 *MaMYC2a* 和 *MaMYC2b*(bHLH 家族)与 MeJA 诱导的冷害减轻相关(Zhao 等,2013)。

虽然果蔬采后冷害机制研究取得了一些进展,但整体上看,相关知识仍比较零碎,其调控网络仍未完全形成,且研究工作主要集中于少数冷敏果蔬。更多的转录因子需要挖掘和功能鉴别。值得强调的是,虽然前人已经指出脂质代谢在冷害发生与调控中的重要性,但受限于分析手段,研究比较浅显。近来,脂质组学分析手段有了一些突破,从脂质代谢及其转录调控入手,将有助于探索果蔬采后冷害机制。

2.4 储粮品质劣变及其调控

与果蔬产品不同,粮食食用部分以淀粉和蛋白质为主,也有一定的脂类物质。粮食贮藏期间也会发生品质劣变,但表现形式与果蔬不同。粮食品质劣变主要表现为色泽变黄(简称黄变)、香味丧失和异味产生、食用口感变差。粮食品质劣变不仅直接导致损失,严重时还可带来安全问题。因此,对储粮品质劣变及其调控的研究一直受到重点关注。

近年来,国内外研究者从物质组成和微观结构观察等方面就储粮品质劣变开展了研究。研究发现,黄变一方面由霉菌感染所致,另一方面则是内在的化学反应的结果。因为粮食富含淀粉和蛋白质,组成淀粉分子的还原糖上的羰基与组成蛋白质分子的氨基酸上的氨基易发生非酶促褐变反应——美拉德反应(最终导致黄变),反应速度受贮藏温度、气体和粮食水活度等因素影响(Gras 等,1989)。关于粮食贮藏期间香味品质变化,前人研究表明,脂肪酸酶促使脂质水解形成脂肪酸,进而降解形成醛类和酮类化合物。其中,己醛具有腐败气味,是贮藏后大米芳香性风味降低的重要原因(Yasuhiro 等,1999);庚醛与 1-辛烯-3-醇的比值和庚醛与辛醛的比值可以作为稻谷陈化品质指标,表征稻谷陈化程度及大米香气保留度(Alessandra

等,2015)。在微观结构方面,周显青等(2010)研究发现,与正常米相比,陈化米胚乳细胞破裂程度增大,淀粉颗粒表面模糊、粗糙,单淀粉颗粒增多。然而,对于储粮黄变期间品质劣变机制仍缺乏前景认识。受限于技术手段,关于脂质代谢鲜有研究。随着质谱技术和代谢组学分析技术的发展,脂质分析已成为现实。除了已知的淀粉和脂质变化,类黄酮等其他物质的变化细节均缺乏研究,黄变差异代谢物有待筛选。淀粉组成、结构与食味品质的内在联系也需深入探讨。

储粮品质劣变速度受储粮本身及环境影响,其中水分和温度是最重要的两个因素,而且两者之间存在密切的内在联系。在粮食贮藏过程中,粮堆内不同部位的温差会导致其内部热量和水分的传递(质热传递),从而引发粮食发热、结露、霉变等,严重威胁储粮安全。对粮堆质热传递的研究,发展出了拟合回归方程法、可视化图表法、有限元法、计算流体力学(computational fluid dynamics, CFD)数值模拟技术、纯数值计算法、灰色系统分析等方法,并依据传热学理论,建立了分析模型(Thorpe, 2008;尹君等,2015)。国内外研究多采用现场检测的实验法来开展粮堆内温、湿、水等物理场迁移规律及其对粮情演变影响的科学研究,而逐渐兴起的理论分析方法中多采用简单的热、质扩散方程来描述粮堆内部的热、湿、水传递过程(Jian等,2009;王远成等,2015)。然而,现有的分析方法和模型仍存在一些缺陷。例如,由于粮食多孔胶体介质的特性,不同粮种生理特性和热特性的不同,以及粮堆微环境的差异,所建立的模型具有一定的局限性。又如,现有的模型对粮粒内部微观尺度热、质传递机制掌握不够深入,从粮堆尺度来说,忽略了吸湿/解吸湿的相变潜热、粮粒的呼吸热及空间温度梯度所形成的自然对流等因素的影响,对粮堆内部热、湿、水传递及结露发生发展的机制掌握不明确。这些都需要在未来的研究中加以攻关。

2.5 生鲜食用农产品致劣变微生物及其调控

微生物侵染是导致生鲜食用农产品品质劣变的最主要外部因素之一,影响营养、加工品质,以及口感、风味和外观。更需关注的是,有些微生物侵染在导致腐烂损耗的同时产生真菌毒素等有毒有害的次生代谢产物,威胁食品安全和人民生命健康。因此,对生鲜食用农产品致劣变微生物及其调控机制的解析是贮藏物流产业亟待解决的关键科学问题之一。

国内外科学家对生鲜食用农产品致劣变微生物有着长期的研究,在菌群领域取得了较大进展。研究发现导致不同类型农产品品质劣变的微生物类群差异非常大。例如：导致玉米、稻米和花生等粮油品质劣变的主要是黄曲霉（*Aspergillus flavus*）、黑曲霉、青霉、镰刀菌等丝状真菌（Amaike 和 Keller，2011），这些真菌产生的强毒性和强致癌性真菌毒素严重威胁食品安全和人民生命健康；导致葡萄、番茄等果蔬品质劣变的主要是赭曲霉、炭黑曲霉、灰霉、交链孢等致病真菌（Rousseaux 等，2014）；而导致鱼等水产品品质劣变的主要是希瓦氏菌、假单胞菌等细菌。

　　微生物主要通过产生多聚半乳糖醛酸酶、果胶酶、纤维素酶分解和利用碳水化合物、蛋白质、脂肪等营养物质，并产生胺、硫化物、醛、真菌毒素等有害物质，导致农产品品质劣变。微生物导致农产品品质劣变是一个互作过程，包括附着、侵染、潜育、生长、次级代谢等过程，而水活度、温度、气体、光、碳源等是调控上述过程的主要因素。不同水活度调控微生物侵染、生长和次级代谢的分子机制涉及高渗透甘油（HOG）信号途径上 Hog1（SakA）、RRG-1、OS-1，MAPK（丝裂原激活的蛋白激酶）信号通路（Pelet 等，2011）。参与光调控真菌生长发育和次级代谢的相关基因主要涉及 Velvet 蛋白复合体中的 LaeA、VeA 和 VelB 编码基因（Crespo-Sempere 等，2013），SakA（HogA）信号通路也参与光敏色素依赖的光信号响应。碳源利用、真菌生长发育和次级代谢主要受碳代谢阻遏（CCR）信号途径调控。CCR 信号通路调控真菌优先利用简单碳源，而关闭复杂碳源（如果胶、淀粉、纤维素等）利用途径。CreA 是 CCR 信号通路的核心元件，Snf1 和 Reg1-Glc7 调控 CreA 磷酸化和亚细胞定位，CreB-CreC 和 CreD-HulA 调控 CreA 泛素化，共抑制蛋白 RcoA、SsnF 也可能参与 CCR 调控（Kremling 等，2015）。

　　虽然生鲜食用农产品致劣变微生物及其调控机制研究取得了一些进展，但总体而言知识仍呈现碎片化，系统的调控网络仍未形成。因此，亟须采用转录组、蛋白质组、磷酸蛋白质组等组学手段，结合最新分子生物学技术，从信号传导、蛋白质-蛋白质相互作用、磷酸化、泛素化等角度出发，系统揭示以下两个关键科学问题：微生物导致生鲜食用农产品品质劣变的生物学基础及其调控机制，水活度调控微生物生长发育及次级代谢的分子机制。

2.6　生鲜食用农产品冷链物流的生物学与工程学耦合研究

　　生鲜食用农产品冷链物流全程包括前端的预冷、中端的贮藏物流及末端的货架，但无论哪个环节，都涉及生物学与工程学领域。因此，生物学与工程学的交叉是国内外生鲜食用农产品冷链物流的发展趋势。

不同的预冷环境对生鲜食用农产品的预冷速度以及品质有着重要的影响。采用实验的方法,不仅费时、费力,也难以从传热和传质过程方面揭示预冷对果实品质影响的机制;而基于数学和建模的技术,可为这一研究带来巨大的推动力(Singh等,2015)。当前已有研究采用数值模拟的方法对预冷期间蔬菜内部的动态热传输过程进行分析(Iribe-Salazar等,2015),但不足之处是没有考虑蔬菜的内部水分迁移行为。从生物组织结构、内热源果实内部水分相变特性出发研究其与预冷环境参数耦合的作用机制,这对于揭示预冷环境因素对农产品的品质影响有着重要的意义。

冷却或预冷过程贯穿冷链过程的各个阶段,冷却速率、均匀性等参数均影响所处其中的生鲜食用农产品的物流表现。逐渐降温冷却或预冷可延缓冷敏果实冷害现象形成及减轻冷害程度。例如,Yan等(2013)发现,逐渐降温预冷的鸭梨果实组织褐变程度低于快速预冷果实,而快速预冷可导致 *PPO* 表达增强。然而,有关出库升温速率对生鲜食用农产品品质的影响,却少有研究。已有一些研究表明,阶段出库的转货架方式可在一定程度上延缓果实货架期品质劣变。例如,付坦等(2012)研究发现,相较于直接转入 17~20℃货架环境,阶段升温处理(7~10℃转17~20℃)可显著提高冬枣好果率。关于转货架升温速度对果蔬采后品质劣变的作用及其机制,需要在更多产品上开展研究。

对冷却或预冷性能进行评价尤为重要,但当前缺乏从流动传热机制层面发展的冷却性能评价方法。现在大多采用CFD数值模拟(Tanaka等,2012)和实验(Duret等,2014)的方法,这些方法均基于流动传热的表观物理量,不能揭示引起非均匀流动传热和非均匀性冷却的根本原因。

冷却过程涉及热管蓄冷传热。虽然水是相变蓄冷的理想工质,具有储能密度高、从蓄冷到释冷温度变化小等优点,但作为相变材料,存在固有的低导热性和过冷度缺陷。近来,已有研究报道,在水中添加适量的纳米颗粒可提高水的传热能力和降低过冷度,从而有效提高系统的蓄冷效率(Oró等,2012;Altohamy等,2015)。然而,现有数值模拟研究没有考虑水的物性参数随温度变化导致的NOB(non-Oberbeck-Boussinesq)效应,得到的结果有一定的局限性。因此,水基纳米流体的相变蓄冷过程研究方法需要进一步完善。

与预冷相同,冷却过程也关联失水这一生物学问题。在生鲜肉、水产品和园艺产品上的研究均表明,失水是冷却(及之后解冻)导致产品品质劣变的一个重要原因（Bertram 等，2007；Gudjónsdóttir 等，2011；Lagnika 等，2013）。前期研究大多从宏观角度初步揭示冷却温度、生物特性对失水率的影响（Mebatsion 等，2008；Joardder 等，2015）。由于很难在保持生物活性的情况下进行微观结构测量，因此需要发展一种运用数值模拟的方法以探究微观条件下在果蔬基础生理变化中孔隙结构、细胞壁导热渗透特性的作用机制。

参考文献

付坦，鲁晓翔，李江阔，等.2012.阶段升温出库方式对冬枣品质的影响.食品科技（12）：24-28.

王远成，杨开敏，杨君，等.2015.表面辐射对部分填充吸湿性多孔介质的封闭腔体内热湿水耦合传递的影响.化工学报，66(S1)：130-137.

尹君，吴子丹，张忠杰，等.2015.基于多场耦合理论浅析浅圆仓局部结露机理.中国粮油学报，30(5)：90-95.

张上隆，陈昆松.2007.果实品质形成与调控的分子机理.北京：中国农业出版社.

周显青，张玉荣，李里特.2010.不同模拟储藏条件下粳米胚乳显微结构变化.农业工程学报，26(5)：329-334.

Amaike S，Keller NP. 2011. *Aspergillus flavus. Annual Review of Phytopathology*，49(1)：107-133.

Alessandra G，Erica L，Chiara C，et al. 2015. High-quality Italian rice cultivars：Chemical indices of ageing and aroma quality. *Food Chemistry*，172：305-313.

Altohamy AA，Rabbo MFA，Sakr RY，et al. 2015. Effect of water based Al_2O_3 nanoparticle PCM on cool storage performance. *Applied Thermal Engineering*，84：331-338.

Bastías A，López-Climent M，Valcárcel M，et al. 2011. Modulation of organic acids and sugar content in tomato fruits by an abscisic acid-regulated transcription factor. *Physiologia Plantarum*，141：215-226.

Bertram HC，Andersen RH，Andersen HJ. 2007. Development in myofibrillar water distribution of two pork qualities during 10-month freezer storage. *Meat Science*，75(1)：128-133.

Crespo-Sempere A，Marin S，Sanchis V，et al. 2013. VeA and LaeA transcriptional factors regulate ochratoxin A biosynthesis in *Aspergillus carbonarius. Internatioanl Journal of Food Microbiology*，166(3)：479-486.

Duret S, Hoang HM, Flick D, et al. 2014. Experimental characterization of airflow, heat and mass transfer in a cold room filled with food products. *International Journal of Refrigeration*, 2014, 46: 17-25.

Etienne A, Genard M, Lobit P, et al. 2013. What controls fleshy fruit acidity? A review of malate and citrate accumulation in fruit cells. *Journal of Experimental Botany*, 64(6): 1451-1469.

Fujisawa M, Shima Y, Nakagawa H, et al. 2014. Transcriptional regulation of fruit ripening by tomato FRUITFULL homologs and associated MADS box proteins. *Plant Cell*, 26(1): 89-101.

Gras PW, Joathan-Banks H, Bason ML, et al. 1989. A quantitative study of the influences of temperature, water activity and storage atmosphere on the yellowing of milled rice. *Journal of Cereal Science*, 9(1): 77-89.

Gudjónsdóttir M, Lauzon HL, Magnússon H, et al. 2011. Low field Nuclear Magnetic Resonance on the effect of salt and modified atmosphere packaging on cod (*Gadus morhua*) during superchilled storage. *Food Research International*, 44(1): 241-249.

Iribe-Salazar R, Caro-Corrales J, Hernández-Calderón Ó, et al. 2015. Heat transfer during blanching and hydrocooling of broccoli florets. *Journal of Food Science*, 80(12): E2774-E2781.

Jia HF, Wang YH, Sun MZ, et al. 2013. Sucrose functions as a signal involved in the regulation of strawberry fruit development and ripening. *New Phytologist*, 198(2): 453-465.

Jian F, Jayas DS, White NDG. 2009. Temperature fluctuations and moisture migration in wheat stored for 15 months in a metal silo in Canada. *Journal of Stored Products Research*, 45(2): 82-90.

Jiang YM, Jiang YL, Qu HX, et al. 2007. Energy aspects in ripening and senescence of harvested horticultural crops. *Stewart Postharvest Review*, 3(2): 1-5.

Joardder MUH, Brown RJ, Kumar C, et al. 2015. Effect of cell wall properties on porosity and shrinkage of dried apple. *International Journal of Food Properties*, 18(10): 2327-2337.

Klee HJ, Giovannoni JJ. 2011. Genetics and Control of Tomato Fruit Ripening and Quality Attributes. *Annual Review of Genetics*, 45(1): 41-59.

Lagnika C, Zhang M, Mothibe KJ. 2013. Effects of ultrasound and high pressure argon on physico-chemical properties of white mushrooms (*Agaricus bisporus*) during postharvest storage. *Postharvest Biology and Technology*, 82:87-94.

Li X, Xu CJ, Korban SS, et al. 2010. Regulatory mechanisms of textural changes in ripening fruits. *Critical Reviews in Plant Sciences*, 29(4):222-243.

Liang L, Zhang B, Yin XR, et al. 2013. Differential expression of the CBF gene family during postharvest cold storage and subsequent shelf-life of peach fruit. *Plant Molecular Biology Reporter*, 31(6):1358-1367.

Ma NN, Feng HL, Meng X, et al. 2014. Overexpression of tomato SlNAC1 transcription factor alters fruit pigmentation and softening. *BMC Plant Biology*, 14(1):351.

Mebatsion HK, Verboven P, Ho QT, et al. 2008. Modelling fruit (micro) structures, why and how?. *Trends in Food Science & Technology*, 19(2):59-66.

Oró E, Miró L, Farid MM, et al. 2012. Thermal analysis of a low temperature storage unit using phase change materials without refrigeration system. *International Journal of Refrigeration*, 35(6):1709-1714.

Pelet S, Rudolf F, Nadal-Ribelles M, et al. 2011. Transient activation of the HOG MAPK pathway regulates bimodal gene expression. *Science*, 332(6030):732-735.

Rousseaux S, Diguta CF, Radoï-Matei F, et al. 2014. Non-*Botrytis* grape-rotting fungi responsible for earthy and moldy off-flavors and mycotoxins. *Food Microbiology*, 38: 104-121.

Sagar M, Chervin C, Roustant JP, et al. 2013. Under-expression of the Auxin Response Factor SL-ARF4 improves post-harvest behavior of tomato fruits. *Plant Signaling and Behavior*, 8(10):e25647.

Scandalios JG. 1993. Oxygen stress and superoxide dismutases. *Plant Physiology*, 101(1): 7-12.

Sevillano L, Sanchez-Ballesta MT, Romojaroc F, et al. 2009. Physiological, hormonal and molecular mechanisms regulating chilling injury in horticultural species. Postharvest technologies applied to reduce its impact. *Journal of the Science of Food and Agriculture*, 89(4):555-573.

Shan W, Kuang JF, Lu WJ, et al. 2014. Banana fruit NAC transcription factor MaNAC1 is a direct target of MaICE1 and involved in cold stress through interacting with MaCBF1.

Plant Cell and Environment, 37(9):2116-2127.

Shi YT, Ding YL, Yang SH. 2015. Cold signal transduction and its interplay with phytohormones during cold acclimation. *Plant and Cell Physiology*, 56(1):7-15.

Singh A, Singh AP, Ramaswamy HS. 2015. Computational techniques used in heat transfer studies on canned liquid-particulate mixtures. *Trends in Food Science & Technology*, 43(1):83-103.

Tanaka F, Konishi Y, Kuroki Y, et al. 2012. The Use of CFD to Improve the Performance of a Partially Loaded Cold Store. *Journal of Food Process Engineering*, 35(6):874-880.

Thorpe GR. 2008. The application of computational fluid dynamics codes to simulate heat and moisture transfer in stored grains. *Journal of Stored Products Research*, 44(1):21-31.

Xu Q, Yin XR, Zeng JK, et al. 2014. Activator- and repressor-type MYB transcription factors are involved in chilling injury induced flesh lignification in loquat via their interactions with the phenylpropanoid pathway. *Journal of Experimental Botany*, 65(15): 4349-4359.

Yan S, Li L, He L, et al. 2013. Maturity and cooling rate affects browning, polyphenol oxidase activity and gene expression of 'Yali' pears during storage. *Postharvest Biology and Technology*, 85:39-44.

Yasuhiro S, Kazuo I, Li C, et al. 1999. Volatile components in stored rice (*Oryza sativa* L.) of varieties with and without lipolygenase-3 in seeds. *Journal of Agricultural and Food Chemistry*, 47(3):1119-1124.

Yin XR, Allan AC, Chen KS, et al. 2010. Kiwifruit EIL and ERF genes involved in regulating fruit ripening. *Plant Physiology*, 153(3):1280-1292.

Zeng JK, Li X, Xu Q, et al. 2015. *EjAP2-1*, an AP2/ERF gene, is a novel regulator of fruit lignification induced by chilling injury via interaction with *EjMYB* transcription factors. *Plant Biotechnology Journal*, 13(9):1325-1334.

Zhao ML, Wang JN, Shan W, et al. 2013. Induction of jasmonate signalling regulators MaMYC2s and their physical interactions with MaICE1 in methyl jasmonate-induced chilling tolerance in banana fruit. *Plant Cell and Environment*, 36(1):30-51.

Zhong S, Fei Z, Chen Y, et al. 2013. Single-base resolution methylomes of tomato fruit development reveal epigenome modifications associated with ripening. *Nature Biotechnology*, 31(2):154-159.

第3章 果蔬成熟衰老与品质变化的生物学基础研究

采后果实品质变化包括风味品质变化和质地品质变化。糖、酸和芳香物质是风味品质形成的物质基础,其组分与含量的变化是采后果蔬风味品质变化的主要原因。质地是果实采后品质重要指标,既影响食用感受,也直接与采后腐烂损耗关联。品质变化是果蔬采后最重要的研究命题之一,本章围绕成熟衰老与品质变化,对相关分子调控机制研究结果展开描述。

3.1 DNA甲基化水平下降是草莓成熟衰老启动的重要机制

番茄果实的发育成熟阶段,DNA甲基化水平降低。DNA去甲基化酶编码基因 *SlDML2* 在番茄成熟过程中表达水平的增加导致了DNA甲基化水平的降低,敲除 *SlDML2* 抑制果实成熟。草莓果实成熟衰老进程是否也存在类似机制尚不清楚。因此,研究选用八倍体栽培草莓'红颊'为材料,通过全基因组重亚硫酸盐测序分析了大绿果、转色果和成熟果三个阶段全基因组甲基化水平。

研究结果显示,在草莓果实成熟阶段,DNA甲基化水平下降,与番茄果实中DNA甲基化水平变化一致(图3.1);外源甲基转移酶抑制剂5-Azacytidine处理可促进果实提早成熟。结合转录组分析发现,与跃变型番茄果实不同,草莓果实发育阶段DNA甲基化水平降低与DNA去甲基化酶相关性低,而与RNA介导的DNA甲基化(RdDM)通路相关基因 *FaAGO4/6* 在成熟阶段表达下调密切相关,因此RdDM通路下调在草莓发育成熟过程DNA甲基化水平下调中发挥了关键作用。研究发现,基于RdDM通路下调的DNA甲基化水平下降是草莓成熟衰老的启动机制。

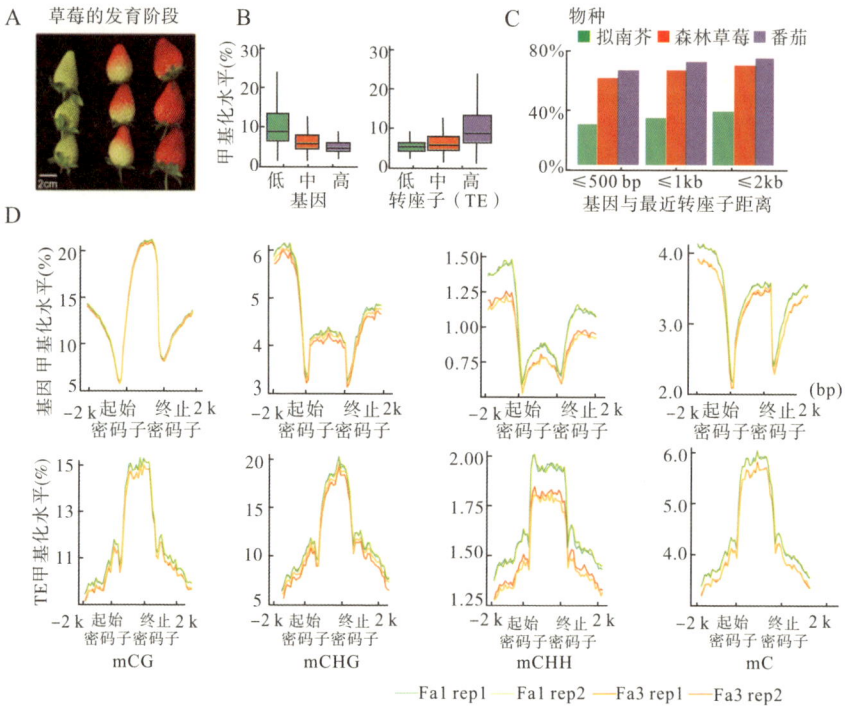

图3.1　草莓果实发育阶段DNA甲基组分析(引自代表性论文1)

3.2　草莓果实特征芳香物质呋喃酮生物合成的转录调控机制

4-羟基-2,5-二甲基-3(2H)-呋喃酮是草莓果实的特征性芳香物质,其合成调控机制逐步获得解析。草莓果实中催化呋喃酮合成的关键酶——醌氧化还原酶(FaQR)已被鉴别,然而呋喃酮合成的调控机制尚不明晰。因此,研究通过分析草莓AP2/ERF家族成员对FaQR的调控活性,并以FaQR启动子为诱饵开展酵母单杂交文库筛选,结合双荧光素酶体系、酵母双杂交、双分子荧光互补、EMSA、瞬时遗传转化等实验方法,筛选可能参与FaQR转录调控的候选因子,解析呋喃酮合成的转录调控机制。

在草莓AP2/ERF转录因子家族中,筛选获得对FaQR启动子具有最强激活效应的ERF成员FaERF#9(图3.2)。结合转录模式分析、呋喃酮物质含量分析、品种间相关性分析、瞬时遗传转化分析等,明确FaERF#9正向调控草莓果实呋喃酮的合成。通过酵母单杂交文库筛选,获得了一个激活FaQR启动子的MYB转录因子(FaMYB98)。混合调控效应分析表明,FaERF#9与

FaMYB98可协同激活*FaQR*启动子活性(图3.3)。随后通过Y2H和BiFC实验明确了蛋白质FaMYB98与FaERF#9的相互作用。研究揭示了ERF-MYB转录复合体参与草莓果实特征芳香物质呋喃酮合成的转录调控。

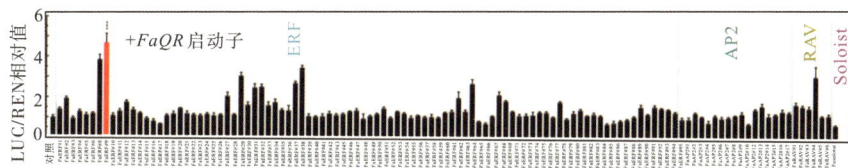

图3.2　草莓AP2/ERF家族成员对*FaQR*启动子的调控效应分析(引自代表性论文26)

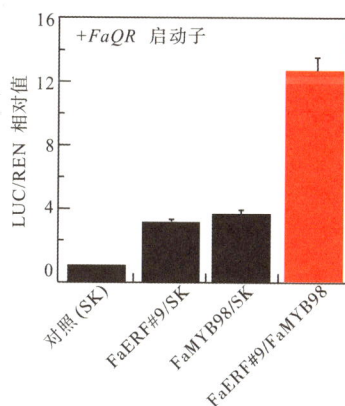

图3.3　FaERF#9/FaMYB98对于*FaQR*启动子的混合调控效应分析(引自代表性论文26)

3.3　甜橙果实芳香物质香叶醇合成的分子调控机制

柑橘果实的独特风味取决于可溶性糖、有机酸和挥发性化合物的复杂组合。单萜类物质香叶醇[(*E*)-3,7-二甲基-2,6-辛二烯-1-醇]是甜橙(*Citrus sinensis* Osbeck)果实风味形成的重要芳香物质。然而,与香叶醇合成相关的萜类合成酶(TPS)尚未得到鉴别,相关的转录调控机制也不清楚。因此,研究基于体外原核表达和同源瞬时表达技术,鉴别出了参与香叶醇生物合成的结构基因。通过对该结构基因及48个AP2/ERF基因家族成员在果实成熟过程中的表达水平相关性分析,结合烟草双荧光素酶体系、酵母单杂交和EMSA技术,鉴别出了转录激活香叶醇生物合成相关基因表达的转录因子。

对10个TPS进行重组蛋白酶活性分析发现,属于TPS-b亚家族的CitTPS16可以体外催化香叶基焦磷酸(GPP)形成香叶醇。柑橘叶片和果皮中分别瞬时过量表达$CitTPS16$,均显著提高香叶醇含量(图3.4)。在柑橘果实发育阶段过程中,$CitERF71$转录本含量分别与结构基因$CitTPS16$表达水平($r=0.79$,$P<0.05$)、香叶醇含量($r=0.96$,$P<0.05$)呈正相关关系。酵母单杂交和EMSA实验结果表明,CitERF71可以直接结合$CitTPS16$启动子的ACCCGCC和GGCGGG序列(图3.5)。研究表明CitERF71可通过转录激活$CitTPS16$启动子,调控柑橘果实醇类芳香物质香叶醇的生物合成。

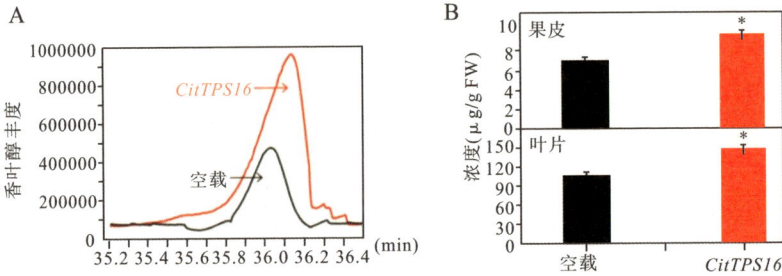

图3.4 纽荷尔甜橙中瞬时过量表达$CitTPS16$促进香叶醇积累(引自代表性论文36)

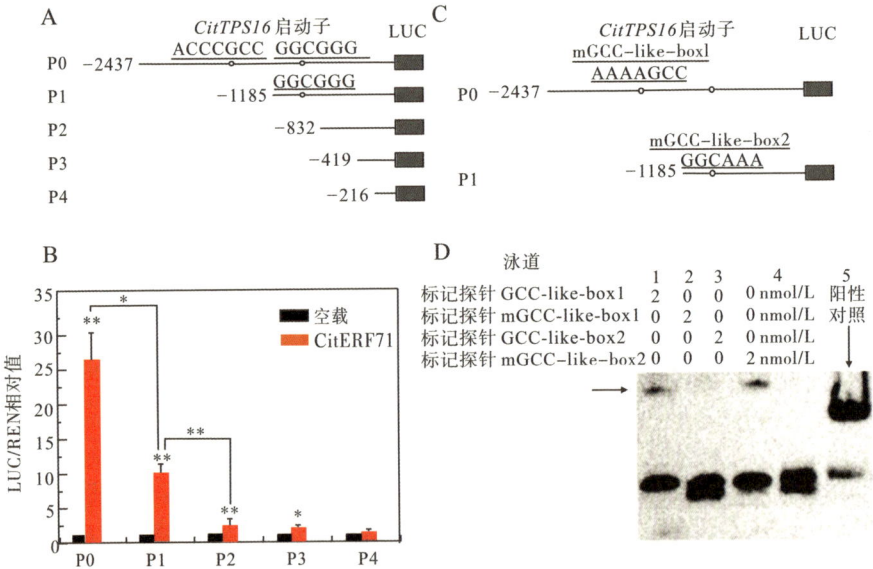

图3.5 双荧光素酶和EMSA检测CitERF71对$CitTPS16$启动子的结合效应(引自代表性论文36)

3.4 果实酯类芳香物质合成的分子调控机制

果实香味来源于挥发性化合物,影响消费者喜好。酯类芳香物质是许多成熟果实(包括桃、苹果和番茄等)果香型香气的主要来源。虽然已经明确了酯类芳香物质对果实风味品质和消费者喜好的重要作用,但有关该类化合物在果实成熟过程中积累的调控机制并不清楚。因此,本研究从桃果实入手,基于基因表达与物质含量相关性,结合转录调控、DNA甲基化和组蛋白甲基化分析,并利用体外和体内功能验证,鉴别出了调控酯类合成的转录因子。同时,开展同源转录因子在苹果和番茄果实中的调控效应和机制分析。

研究鉴别出参与桃果实酯类芳香物质合成的结构基因 *PpAAT1*。*PpAAT1* 编码的乙醇酰基转移酶(AAT)是催化酯类物质合成的末端酶。转录因子PpNAC1通过结合 *PpAAT1* 启动子激活基因表达。利用转基因方法,研究验证了 *PpNAC1* 对酯类芳香物质合成的调控效应。番茄和苹果中的同源NAC转录因子也可以激活酯类物质合成基因的表达。进一步研究发现,果实成熟过程中酯类芳香物质积累相关的转录因子 *NAC* 和结构基因 *AAT* 的表达受组蛋白甲基化修饰(H3K27me3)的表观遗传因子调控。果实成熟过程中酯类芳香物质的合成同时受转录因子 NAC 和组蛋白甲基化修饰的调控(图3.6),这种分子机制在桃、苹果及番茄等多种果实中保守存在。

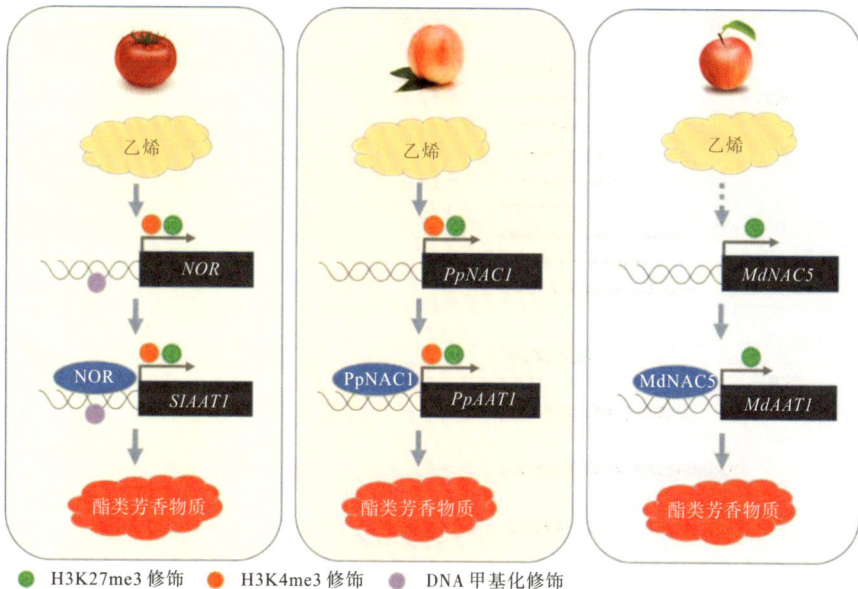

图3.6　果实酯类芳香物质合成的转录调控和表观遗传调控模型(引自代表性论文48)

3.5　紫外线(UV)对桃果实芳香物质形成的调控效应与机制

已有研究显示,采用紫外线(UV)处理可影响果实等园艺产品的贮藏寿命,但是对于香气等风味品质的影响研究涉及甚少。因此,研究通过多个年度、品种的重复,比较不同波段的UV-A、UV-B、UV-C及UV组合对不同成熟度桃果实采后贮藏期间的香气物质影响,并结合转录组学、生物化学和分子生物学技术展开调控机制分析。

桃果实在受到UV-B辐射胁迫时,果实组织迅速积累抗性相关的α-法尼烯,同时显著抑制果实香气中的芳樟醇含量。利用体外蛋白重组技术,并结合果实瞬时过量表达技术,鉴别出了分别参与芳樟醇和α-法尼烯生物合成的*PpTPS1*和*PpTPS3*。同时基于共表达相关性挖掘出了可能调控*PpTPS1*和*PpTPS3*转录的转录因子WRKY和AP2/ERF家族成员(图3.7和图3.8)。

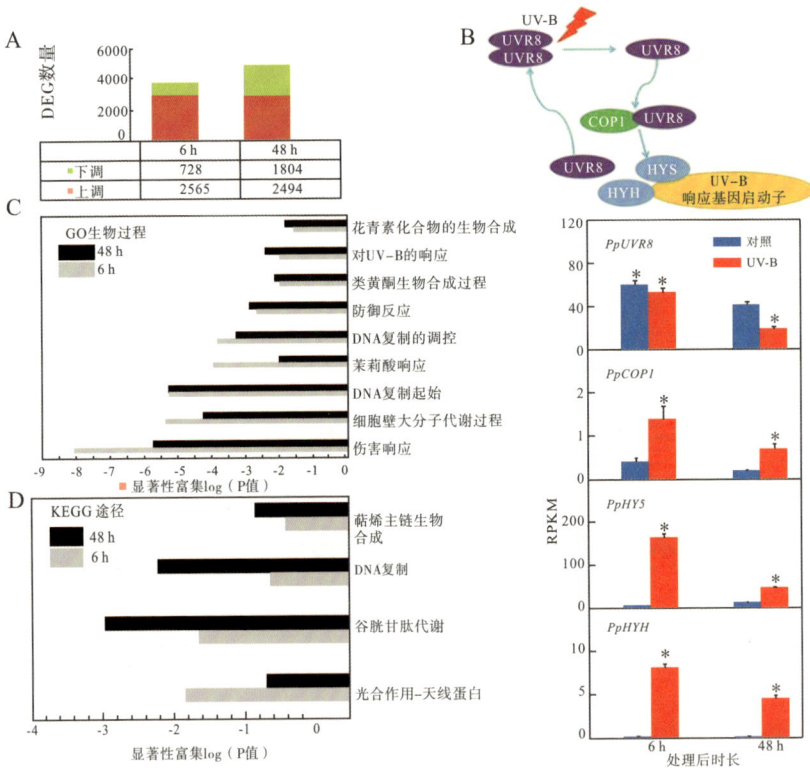

图3.7　采后UV-B照射引发桃果实转录组重排(引自代表性论文32)

DEG为差异表达基因(differential expressed genes);RPKM为reads per kilobase per million mapped的缩写,代表每百万reads中来自某基因每千碱基长度的reads数;GO为Gene Ontology; KEGG为京都基因和基因组数据库。

A

	6 h		48 h		
	对照	UV-B	对照	UV-B	

-1.5 　　　1.5

WRKY	Prupe.4G066400
WRKY	Prupe.4G217900
WRKY	Prupe.6G046900
WRKY	Prupe.6G230600
WRKY	Prupe.1G431100
bHLH	Prupe.5G035400
AP2/ERF	Prupe.5G061800
WRKY	Prupe.5G117000
AP2/ERF	Prupe.2G272400
AP2/ERF	Prupe.1G037900
WRKY	Prupe.6G286000
AP2/ERF	Prupe.3G104100
WRKY	Prupe.3G002300
bHLH	Prupe.8G157500

B

RPKM

图例：
- *PpJAZ11*
- *PpJAZ9*
- *PpJAZ7*
- *PpJAZ4*
- *PpJAZ1*
- *PpJAZ10*
- *PpJAZ8*
- *PpJAZ5*
- *PpJAZ3*

对照　　UV-B

C

UV-B

JAZs　　Tfs

PpTPS1　　*PpTPS2*

芳樟醇　　α-法尼烯

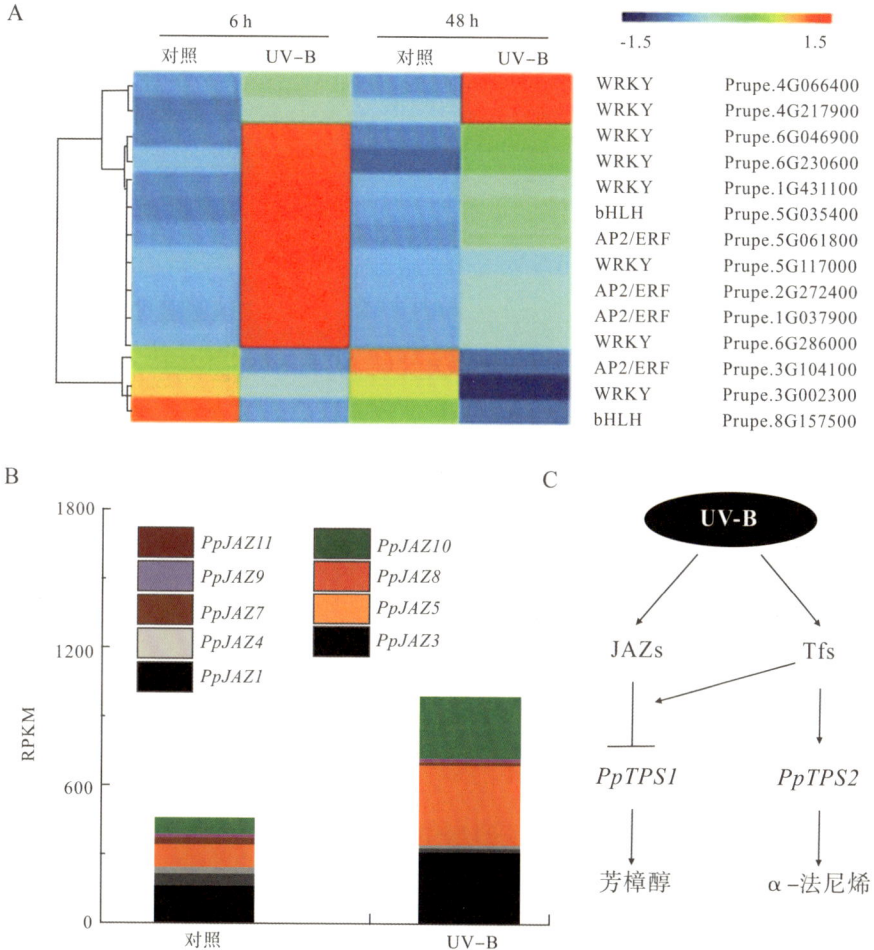

图3.8 采后UV-B调控桃果实萜类香气物质的分子机制(引自代表性论文32)

3.6 猕猴桃果实风味物质转录调控机制

猕猴桃风味独特,口感鲜美,是当今世界备受青睐的重要水果之一。之前研究尚未涉及猕猴桃果实采前和采后成熟过程中糖、酸及芳香物质等风味代谢的综合变化及其调控机制。本研究利用气相色谱-质谱联用技术(GC-MS)检测红阳猕猴桃采前和采后不同时期果实风味代谢变化,并进行转录组测序。

研究通过加权基因共表达网络分析(weighted gene co-expression network analysis,WGCNA)确定调控可溶性糖、有机酸、挥发性香气代谢的基因共表达模块,并通过风味物质与模块的关联性分析鉴定风味代谢关键调控基因(图3.9)。通过转录组和代谢组关联分析筛选鉴定了参与风味代谢的21个糖代谢途径关键结构基因,5个有机酸合成相关基因,以及13个酯类芳香物质合成关键基因。研究通过分析风味代谢途径关键结构基因的关联性,并结合表达水平及顺式元件,进一步确定了调控糖、酸和芳香物质代谢的关键转录因子等。结果表明,乙烯响应因子AcERF182可通过直接结合糖代谢相关基因AcBAM3.5启动子区域的顺式作用元件激活其表达(图3.10);AcNAC4转录调控酯类芳香物质代谢关键结构基因AcAAT10。此外,通过转录组和奎宁酸关联分析发现,AcMYB211通过调控奎宁酸代谢关键基因AcQDH4影响猕猴桃果实奎宁酸的代谢。

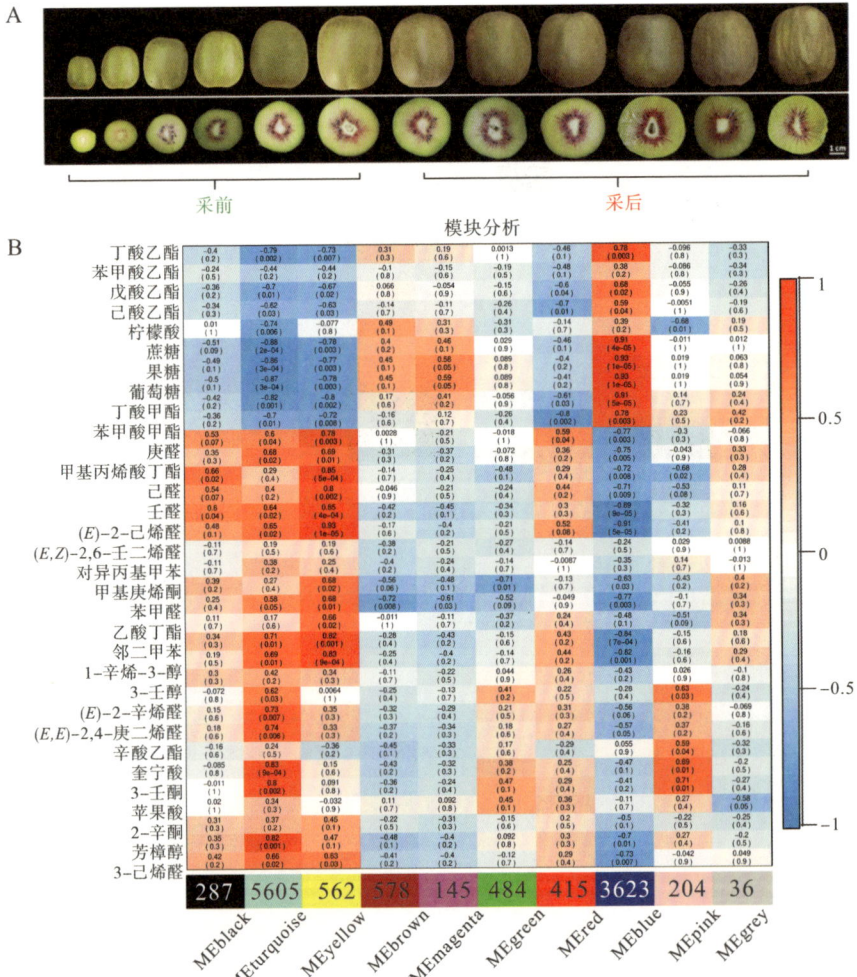

A

采前　采后

B　模块分析

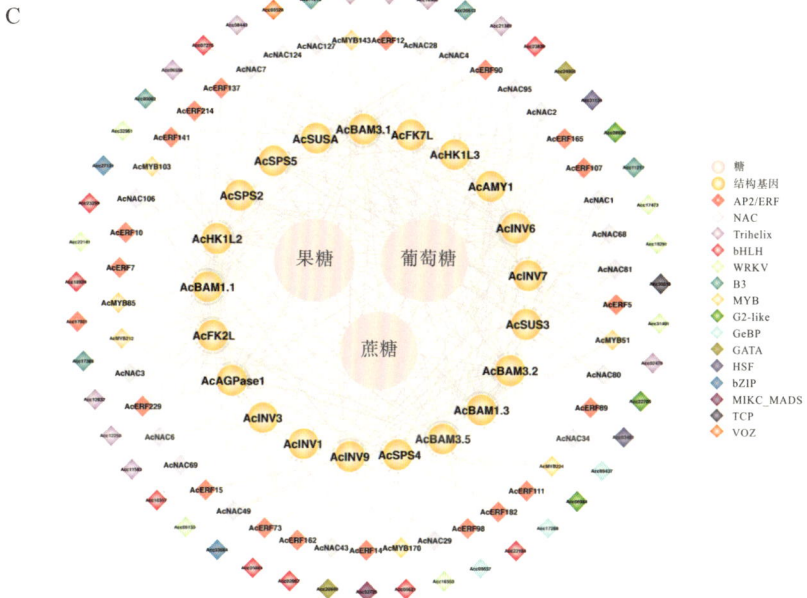

图 3.9　猕猴桃果实采前和采后转录组和代谢组关联分析鉴定关键调控基因（引自代表性论文 12）

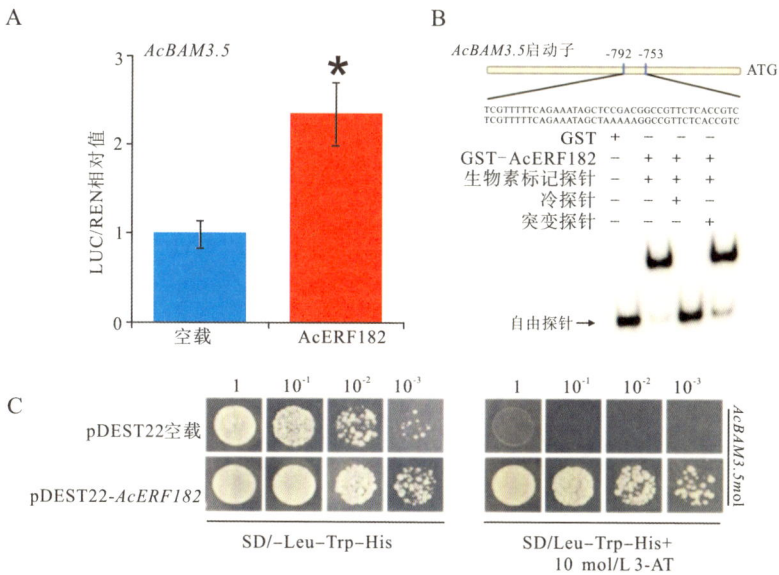

图 3.10　猕猴桃 AcERF182 对糖代谢关键结构基因 *AcBAM3.5* 的转录调控（引自代表性论文 12）

SD/–Leu–Trp–His 为缺失亮氨酸（Leu）、色氨酸（Trp）和组氨酸（His）SD 培养基；3–AT 为 3–氨基–1,2,4 三唑。

3.7　柑橘果实柠檬酸降解分子调控机制

柑橘果实的有机酸主要为柠檬酸,柠檬酸含量由合成、降解、运转等多个步骤决定,每一步骤均由多种酶/多基因家族调控,但果实成熟过程中柠檬酸的降解机制尚待厘清。研究以不同酸度品种柑橘果实为材料,展开转录组分析和差异基因筛选,确定柠檬酸降解关键基因及协同表达转录因子。通过双荧光素酶体系、酵母双杂交、双分子荧光互补等技术,进一步明确柑橘果实柠檬酸降解的转录调控机制。

研究明确了 *CitAco3* 为柠檬酸降解关键靶标,筛选获得两个与 *CitAco3* 协同表达的转录因子 *CitNAC62* 和 *CitWRKY1*,其转录水平与柠檬酸降解正相关。双荧光素酶体系结果表明,CitNAC62 和 CitWRKY1 可转录激活 *CitAco3*(图3.11);双分子荧光互补分析结果表明,CitNAC62 和 CitWRKY1 存在蛋白质−蛋白质相互作用,协同调控 *CitAco3*,进而促进柑橘果实柠檬酸的降解(图3.12)。

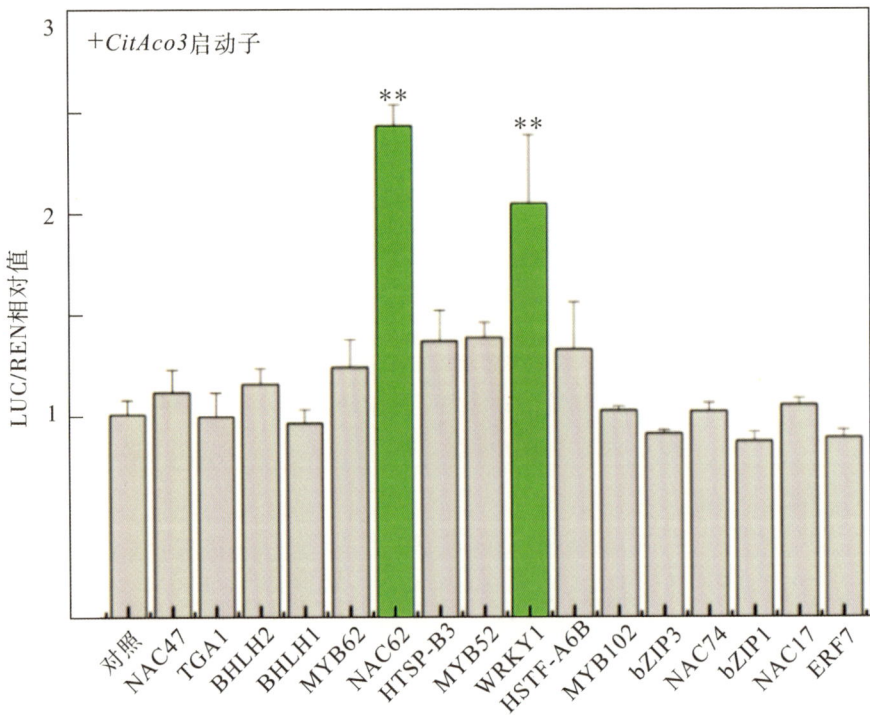

图3.11　荧光素酶分析 CitNAC62 和 CitWRKY1 对 *CitAco3* 调控效应(引自代表性论文35)

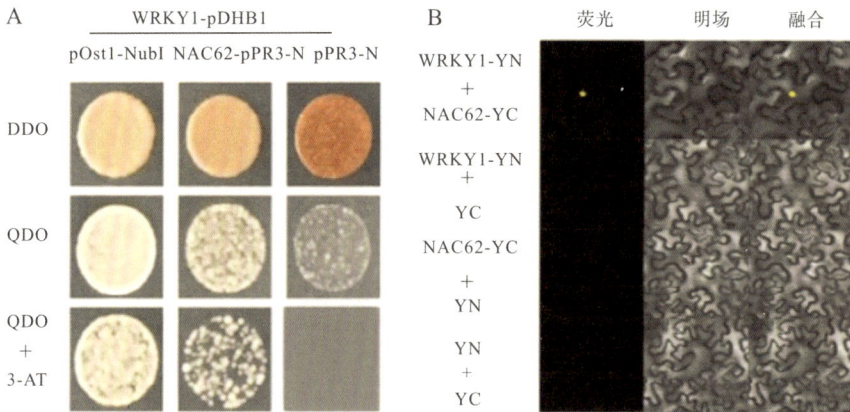

图 3.12 NAC62 和 CitWRKY1 互作分析（引自代表性论文 35）

DDO 为双缺培养基；QDO 为四缺培养基。

3.8 不依赖乙烯的转录因子 *SlLOB1* 调控番茄果实软化

模式果实番茄被广泛作为软化研究的试材。果实质地研究多集中于细胞壁降解酶及相应编码基因。大量转基因实验证明，单一敲除某一降解酶编码基因并不能有效减缓果实软化速率。本研究以番茄果实为试材，聚焦可调控多个细胞壁基因的上游转录因子的筛选与功能研究。利用组织间空间差异，果肉组织早于果皮软化，结合转录组数据，筛选目标转录因子并展开转基因工作，确定其表型和功能。通过转录组测序挖掘下游目标基因并开展互作分析，进一步明确番茄果实软化的转录调控机制。

分离获得 *SlLOB1* 基因，沉默 *SlLOB1* 可获得高硬度番茄果实（图 3.13），且不影响成熟进程和乙烯高峰点（B3）的乙烯释放量；过表达 *SlLOB1* 可在系统 Ⅱ 乙烯启动前的小绿果阶段促使番茄提前软化。结合转录组筛选出下游果胶裂解酶（*PL1-27*）、甘露聚糖酶（*MAN*）、内切葡聚糖酶（*CEL2*）、木糖苷酶（*XY*）、伸展蛋白（*EXP1*）等一系列细胞壁基因，细胞壁结构蛋白（*AGP2*）、细胞壁修饰蛋白（*TBL*）、细胞壁候选基因（*E6*）等一些细胞壁相关基因，以及一些细胞壁相关的转录因子。通过双荧光素酶体系，验证 SlLOB1 对下游基因的启动调控作用，发现 SlLOB1 可诱导 *EXP1*、*CEL2*、*XY*、*AGP2*、*TBL* 和 *E6* 的启动子活性。研究发现了不依赖乙烯的番茄果实软化调控转录因子 *SlLOB1*，并明确了其功能。

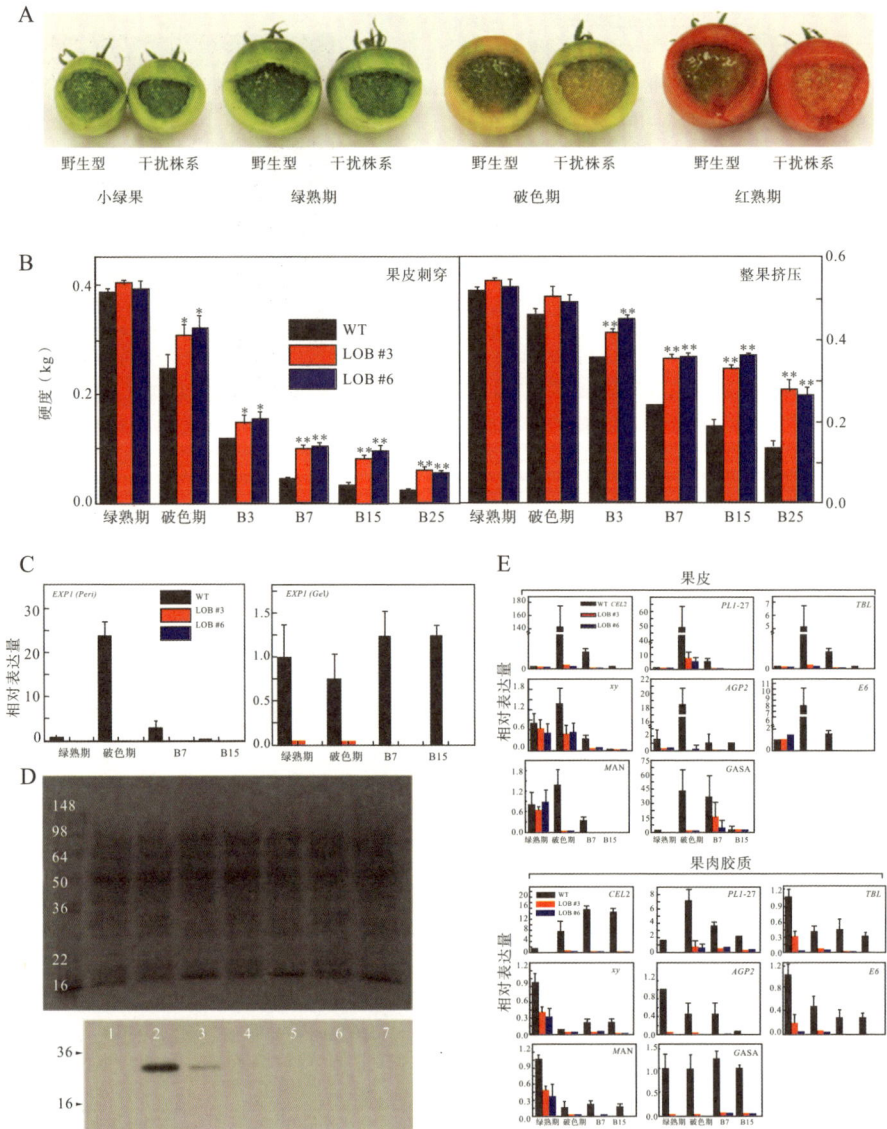

图3.13　沉默*SlLOB1*可获得高硬度番茄果实(引自代表性论文5)

A.果实表型;B.果实硬度分析;C.*EXP1*基因表达分析;D.EXP1蛋白丰度检测(上图为丽春红总蛋白染色,下图为抗体杂交后检测。1为阴性对照野生型MG果皮;2,3分别为野生型破色期果皮和果肉;4,5为LOB#3破色期果皮和果肉;6,7为LOB#6破色期果皮和果肉);E.其他细胞壁基因表达分析。WT为野生型;LOB#3、LOB#6分别为RNAi沉默株系#3和#6;B3、B7、B15和B25分别为破色后3d、7d、15d和25d。

3.9　香蕉采后淀粉降解转录因子 *MaMYB3* 负调控果实软化

淀粉降解是香蕉果实成熟过程中决定果实品质形成的重要因素,直接影响果实的口感和风味。此外,香蕉果实淀粉降解与香蕉果实采后品质和贮藏寿命相关。已有研究主要集中在香蕉果实淀粉的物理化学性状、体外水解和有效利用等方面,但有关淀粉在果实成熟过程中的调控机制尚不清晰。本研究以淀粉降解重要酶基因 *MaGWD1* 启动子为诱饵,通过酵母单杂交文库筛选,获得一个 MYB 类转录因子 *MaMYB3*,进一步采用酵母单杂交、EMSA、ChIP-qPCR 和番茄转基因等多种手段,明确 *MaMYB3* 调控香蕉果实淀粉降解的作用模式和调控机制。

MaMYB3 是一个定位于细胞核内的转录抑制子,它可以直接结合10个淀粉降解酶基因(*MaGWD1*、*MaSEX4*、*MaBAM7*、*MaBAM8*、*MaAMY2B*、*MaAMY3*、*MaAMY3A*、*MaAMY3C*、*MaMEX1*、*MapGlcT2-1*)及调控淀粉降解的转录激活子 *MabHLH6* 启动子(图3.14),并抑制它们的转录。番茄转基因果实中 *MaMYB3* 的超表达可显著延缓果实的成熟进程,并且转基因果实内淀粉含量较野生型(WT)果实显著增加,这与编码淀粉降解相关酶的基因转录水平下调相一致(图3.15)。研究明确了香蕉果实采后软化的淀粉降解转录调控新路径。

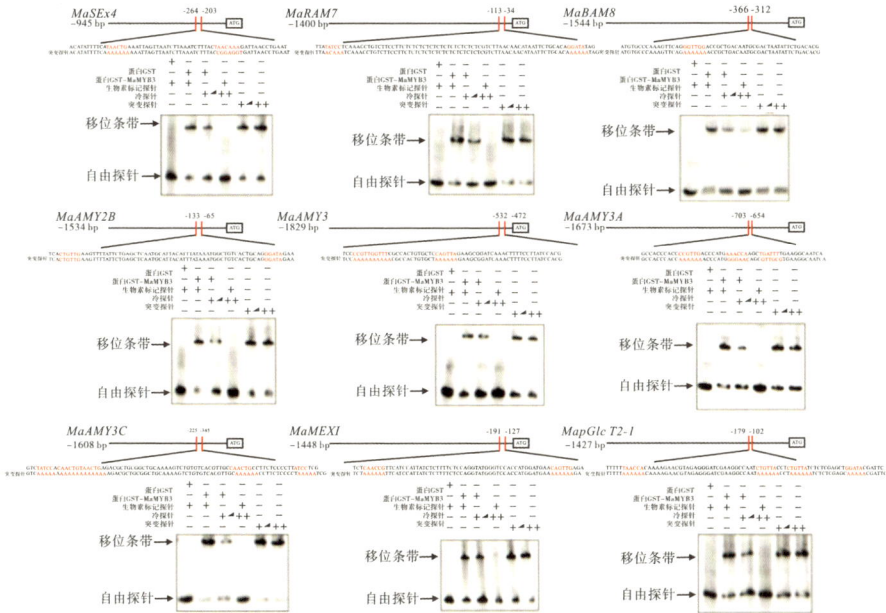

图3.14　MaMYB3直接结合10个淀粉降解酶基因的启动子(引自代表性论文49)

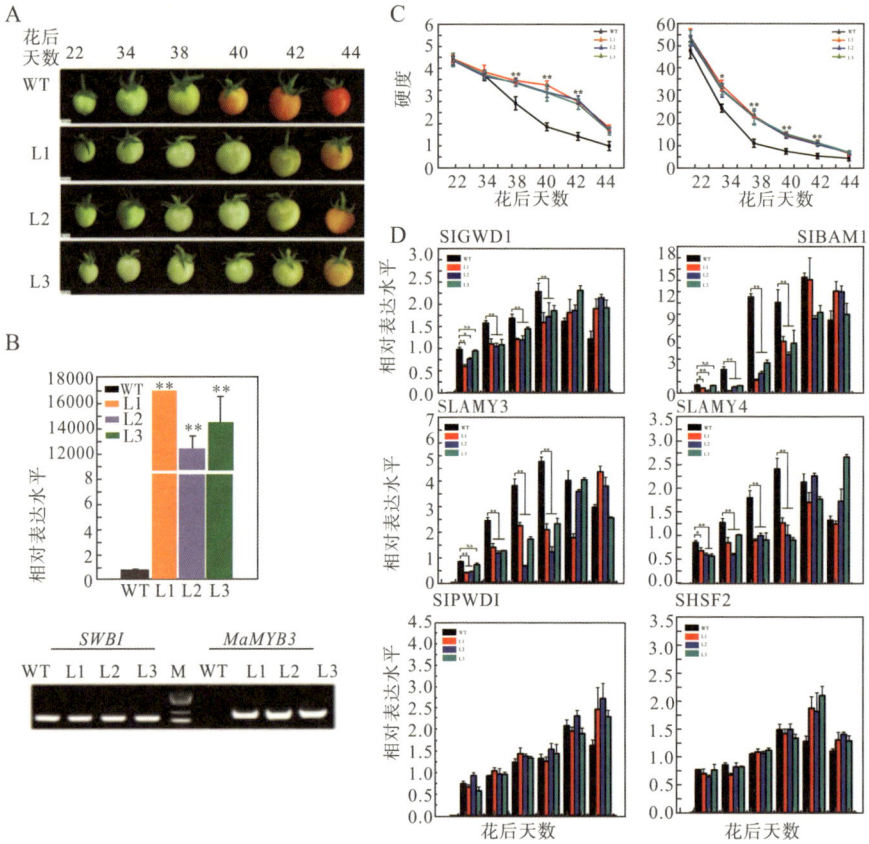

图 3.15 超表达 *MaMYB3* 的转基因番茄果实成熟延迟且淀粉降解相关基因表达下调（引自代表性论文 49）

L1、L2、L3 均为 *MaMYB3* 转基因株系。

3.10 AdDof3 转录激活 *AdBAM3L* 启动子，启动猕猴桃果实软化

　　猕猴桃果实是典型的呼吸跃变型果实，对乙烯非常敏感。采后果实存在缓慢软化和快速软化两个阶段，前者是软化启动期，后者是快速软化期，大多研究更关注后者。本研究利用生物信息学分析、基因表达、启动子分析、烟草双荧光素酶体系、EMSA、瞬时过量表达及转基因等技术手段，筛选猕猴桃果实后熟软化的相关基因，验证相关成员在猕猴桃果实中的功能，确定果实成熟软化相关基因的调控模式。

研究发现，C_2H_2型锌指蛋白AdDof3对淀粉降解酶*AdBAM3L*启动子有显著的转录激活效应。EMSA结果表明，AdDof3可通过识别AAAG/CTTT位点与*AdBAM3L*启动子在物理上相互结合（图3.16）。通过猕猴桃转基因技术，发现在过表达*AdBAM3L*的转基因猕猴桃植株叶片中，淀粉含量较野生型显著降低，说明*AdBAM3L*是淀粉降解的关键基因。此外，利用瞬时过量表达技术，在猕猴桃中柱中过表达*AdDof3*，中柱的*AdBAM3L*基因表达明显上调（图3.17），启动猕猴桃软化。

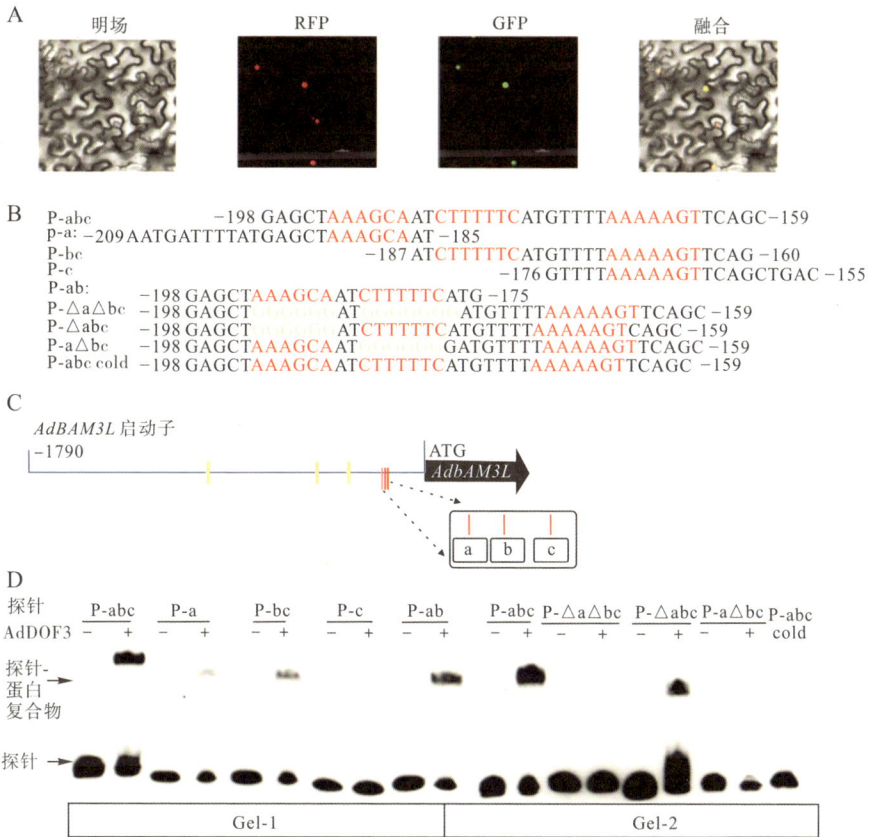

图3.16　EMSA分析AdDof3对*AdBAM3L*启动子的结合能力（引自代表性论文25）

RFP为红色荧光蛋白（red fluorecent protein）；GFP为绿色荧光蛋白（green fluorecent protein）。

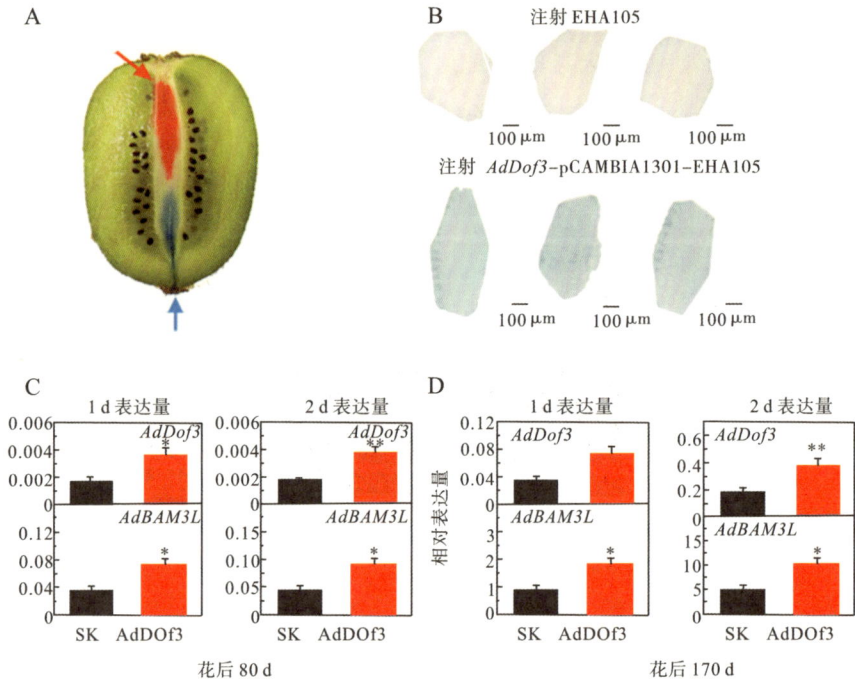

图3.17 猕猴桃果实瞬时过量表达分析（引自代表性论文25）

3.11 *MdXTHB*基因在苹果质地变化中的作用机制

苹果果实采后质地变化与细胞壁关系密切。木葡聚糖内切葡糖苷酶/水解酶（XTHs）是一种参与果实软化的细胞壁修饰酶，主要作用于半纤维素。在猕猴桃和柿子果实软化进程中，XTHs扮演了重要的角色。进一步分析XTHs在苹果果实质地变化中的功能，有助于揭示其功能的普遍性。本研究选取质地特性不同的'金冠'及其芽变品种'Reinders'为材料，通过细胞扫描电镜观察和转录组测序，筛选出与果实软化相关的*MdXTHB*基因，并进行采前在体注射和采后离体注射，以确定*MdXTHB*基因在果实质地变化中的功能。

'Reinders'果实在贮藏期间硬度下降，表皮细胞相对疏松，发生降解（图3.18）。过表达*MdXTHB*的'金冠'果实在采后贮藏过程中硬度下降，乙烯释放量提高，且峰值出现时间先于对照。将*MdXTHB*基因的重组载体注射入采后'长富2号'果实，结果显示，注射Super1300质粒（空载体）和*MdXTHB*的果实硬度在整个贮藏过程中均呈下降趋势，过表达*MdXTHB*的果实软化速率明显高于对照果实(图3.19)。研究进一步证实，*MdXTHB*基因对果实软化进程的调控具有普遍性。

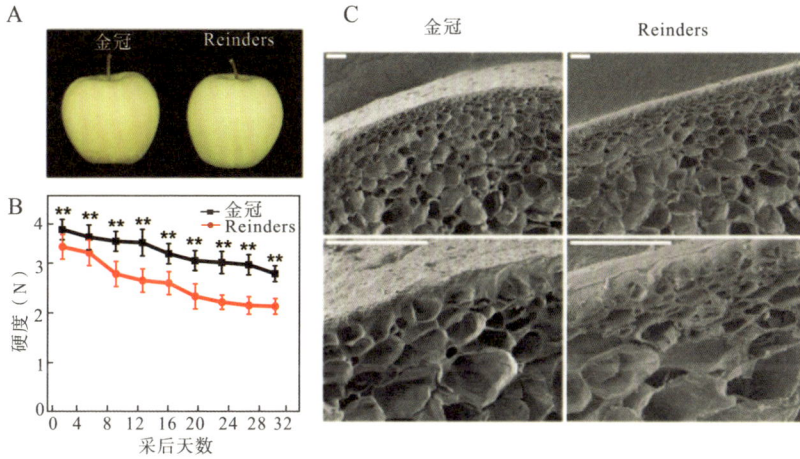

图3.18　'金冠'和'Reinders'品种在采后贮藏过程的硬度变化及细胞结构观察(引自代表性论文150)

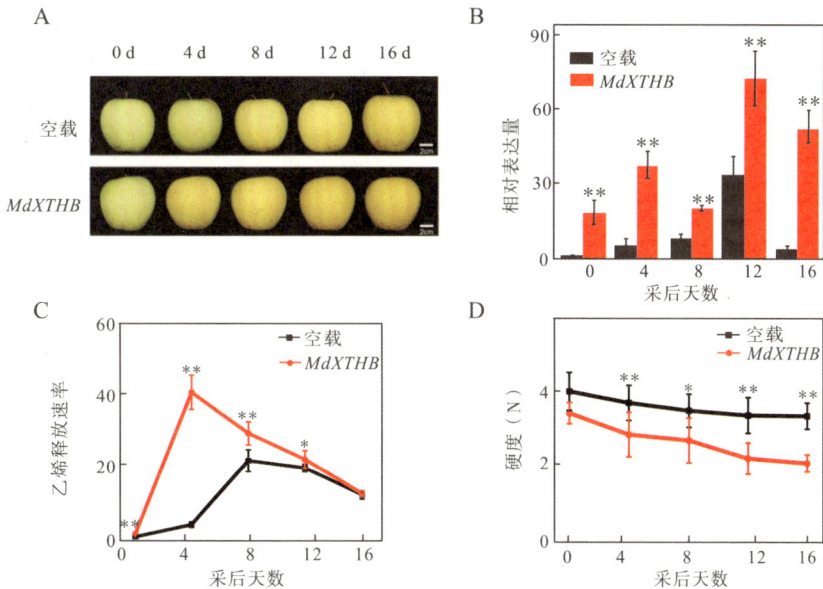

图3.19　*MdXTHB*基因在'金冠'苹果中的瞬时过量表达转化验证(引自代表性论文150)

3.12 细胞上Ca²⁺外流量与苹果果实硬度负相关

Ca²⁺是植物必需的营养元素。外源Ca²⁺处理还可有效保持果实的硬度,提高果实贮藏品质。因此,探究Ca²⁺与果实质地的关系可为阐明果实质地变化机制提供新的理论依据。本研究以'Reinders'苹果为试材,采用液质联用、电生理及高通量测序等技术方法,开展Ca²⁺对果实硬度、离子通道活性及基因表达水平影响的研究,进一步明确了Ca²⁺在果实质地变化中的作用机制。

本研究开发了苹果果肉原生质体的提取方法(已申请专利)。该技术成功分离出胞质均匀、液泡可见的苹果果肉细胞原生质体,且二乙酸荧光素(FDA)染色后呈现绿色荧光(图3.20)。采用膜片钳技术成功记录到苹果果肉细胞的Ca²⁺外向电流,采前K⁺和生长素(IAA)处理可减少Ca²⁺外流,从而增加果实的硬度(图3.21)。转录组测序筛选出参与钙信号转导与生长素调控的关键基因*MDP0000300456*。研究揭示了苹果细胞Ca²⁺外流对苹果果实质地的影响机制。

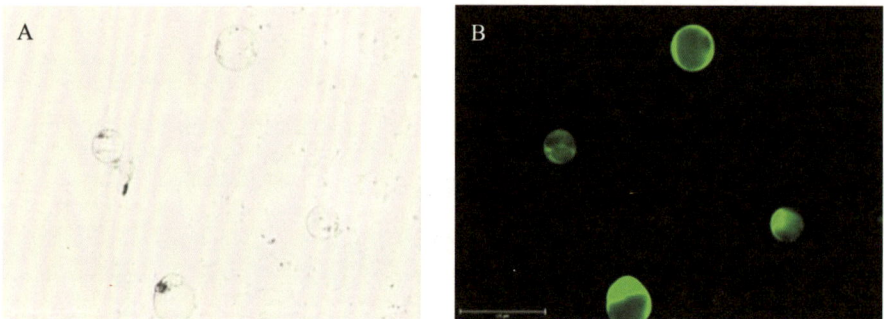

图3.20 苹果果肉原生质体的分离及其染色(引自代表性论文151)

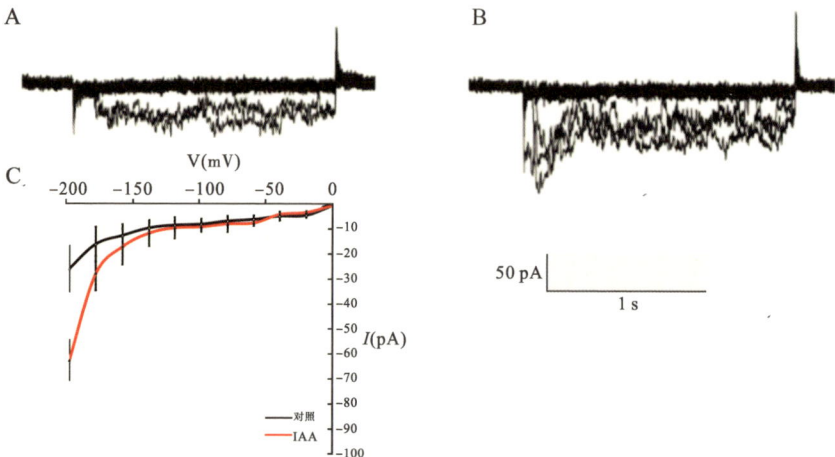

图3.21 生长素处理对钙离子通道的影响(引自代表性论文151)

3.13　枇杷果实木质化过程中细胞木质素特异性积累模式

枇杷是我国特色水果。红肉类枇杷在0℃下贮藏常出现木质化,严重降低果实商品性和经济价值。目前,枇杷果实采后木质化机制研究主要以取样果实的组织匀浆进行,忽略了果肉细胞层面的微观空间信息,特别是木质化过程中新生木质素合成与聚合的细胞学机制尚不明晰。本研究基于新兴的生物正交化学成像技术构建了木质素合成的细胞特异性积累成像体系,对枇杷果实发育和采后阶段新合成的木质素进行标记,最终以图像的方式直观呈现了木质素在枇杷果肉细胞中的积累过程。

　　枇杷果实发育过程中,木质化细胞和维管束是木质素积累的活跃区域。环状木质化细胞在内壁和外周双向都会积累新合成的木质素,并且木质化细胞可能会导致周边薄壁细胞也开始积累木质素,从而在细胞间呈现出类似多米诺骨牌的木质素积累效应;而枇杷果实采后贮藏期间新合成的木质素会在维管束周边的部分薄壁细胞的细胞间层和角隅特异性积累,并形成网状结构(图3.22)。该结构可能是导致枇杷果实采后果肉硬度上升的因素之一。

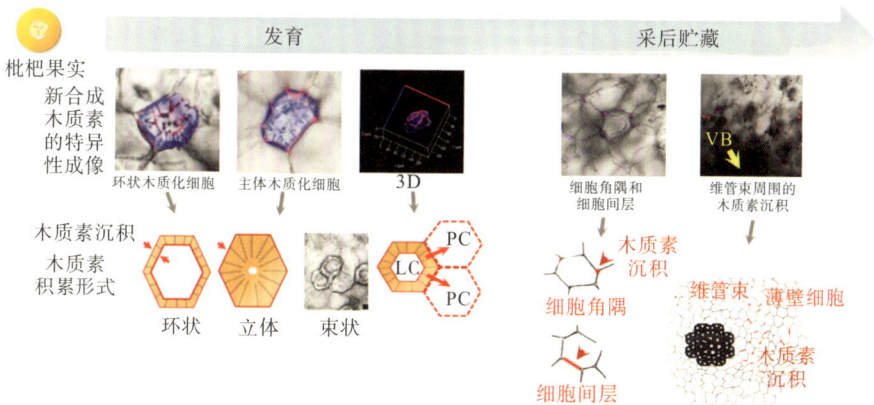

图3.22　枇杷果实发育和采后阶段木质素在果肉细胞中的特异性积累模式(引自代表性论文74)

3.14　乙烯诱导大白菜脱帮机制

大白菜为消费者喜爱的叶用蔬菜,低温下可贮藏3~4个月,然而在贮藏过程中由于未及时倒菜、通风等,极易出现叶片脱落现象,从而导致商品价值降低,造成严重的经济损失。乙烯可促进大白菜脱帮,其分子机制尚不清楚。本研究观察大白菜在不同处理条件下的脱帮规律;通过测定叶片脱落力、内源植物激素含量,分析叶片脱落相关酶活性与相关基因表达量,以及叶片离区乙烯受体和乙烯信号转导途径相关基因表达量,明确乙烯对大白菜脱帮的影响及其机制。

室温下,外源乙烯处理加速大白菜脱帮,叶片脱落力显著下降;外源乙烯处理使大白菜叶片离区细胞增大,排列松散,细胞变形(图3.23)。外源乙烯处理显著提高了大白菜乙烯释放量、叶片离区 ABA 含量、叶片离区脱帮关键酶——Cx、PG、β-半乳糖苷酶(β-Gal)、过氧化物酶(peroxidase,POD)的活性及相关基因表达量,降低 IAA 含量。同时,处理样品的乙烯受体及乙烯信号转导相关基因 *BcERS1*、*BcERS2*、*BcETR2*、*BcCTR1*、*BcEIL1*、*BcEIL2* 和 *BcEIL3* 的表达水平显著上调($P<0.05$)(图3.24)。研究揭示,乙烯通过调控叶片离区激素平衡、叶片脱落相关酶活性及相关基因表达、乙烯受体及乙烯信号转导相关基因的表达,促进了大白菜脱帮的发生。

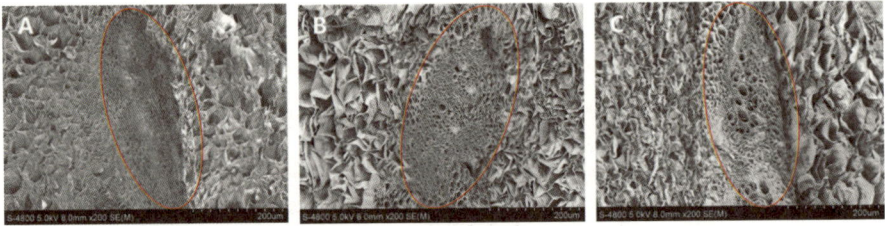

图3.23　扫描电镜下叶片离区情况(引自代表性论文103)

A.新鲜样品;B.对照组贮藏15 d样品;C.外源乙烯处理组贮藏15 d样品。

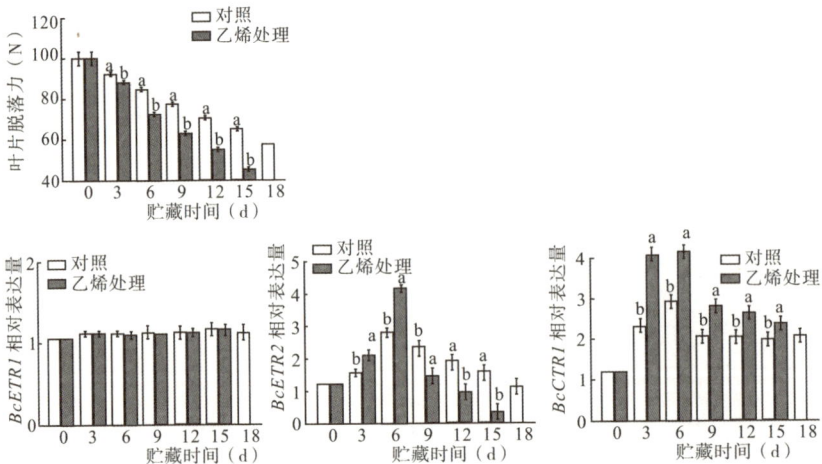

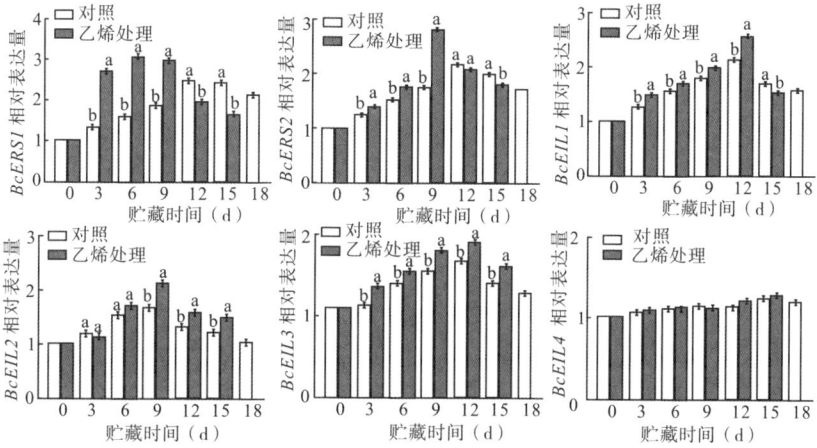

图 3.24　乙烯对大白菜叶片脱落力及叶片离区乙烯受体及乙烯信号转导相关基因表达
的影响(引自代表性论文103)

第4章　果蔬采后品质劣变的环境应答及其调控研究

果蔬采收之后进入衰老阶段,为了延缓衰老,常采用低温贮藏和低温物流运输,但期间容易发生褐变、软化障碍或木质化、香味丧失和异味产生等不良变化,严重影响果蔬产品的采后品质和耐贮性,给产业造成严重损失。本章围绕采后品质劣变对环境的应答,总结相关分子机制和调控研究成果。

4.1　低温贮藏物流对番茄果实风味品质的影响

低温是延长生鲜食用农产品贮藏物流和货架寿命的有效方法,已得到广泛应用。但是,不适宜的温度及贮藏物流时间会对果实造成伤害,导致风味品质下降和商品性丧失,相关的分子机制并不清楚。本研究选用古老的番茄品种和新选育的品种,将果实置于5℃低温7 d后,转20℃常温货架。通过综合利用感官评价、代谢组学、转录组学、表观组学等技术手段研究低温影响果实风味品质变化的分子机制。

人工感官评价实验结果显示,经低温贮藏后番茄果实的口感与新鲜采收的相距甚远。分析显示,低温贮藏番茄的可溶性糖和有机酸含量并没有发生显著改变。进一步研究发现,芳香物质含量减少是低温导致番茄风味品质下降的原因。低温下芳香物质合成相关的结构基因表达受到抑制,成熟相关的转录因子表达水平也被抑制。低温贮藏导致了DNA甲基化水平的增加,并伴随成熟相关的转录因子和芳香物质合成基因启动子区域DNA甲基化水平的增加(图4.1)。采后低温通过调控DNA甲基化直接影响果实风味品质。

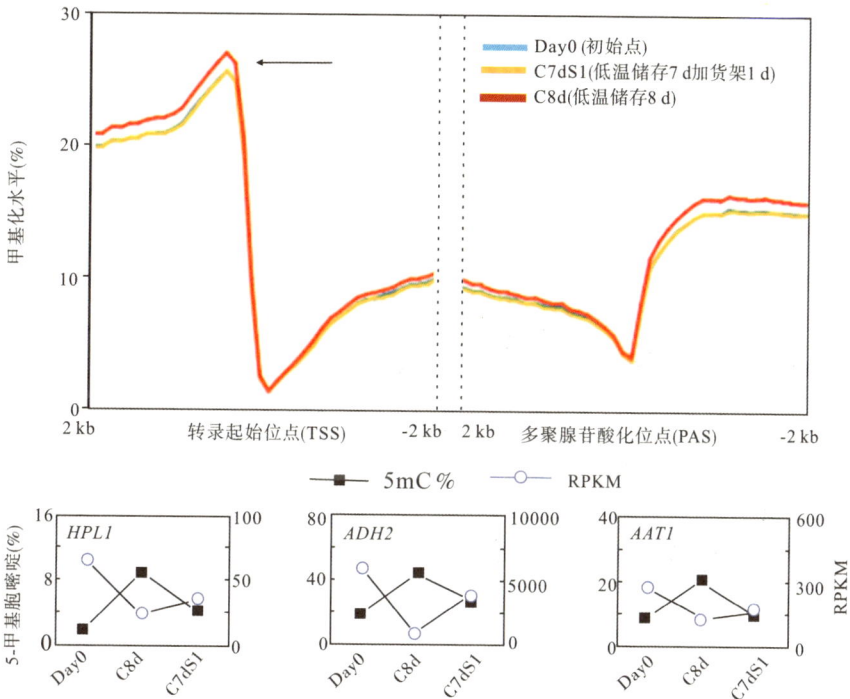

图4.1　采后低温诱导番茄果实DNA甲基化和抑制芳香物质合成基因表达(引自代表性论文6)

4.2　MabZIP4/5参与低温贮藏的香蕉果实芳香物质合成调控

香蕉果实对低温敏感,不适低温可引起果实冷害,由此产生香气物质合成抑制等后熟障碍,最终导致果实品质和经济价值下降。研究香蕉低温贮藏的香气合成调控机制有利于制定合理的贮藏物流措施和维持果品的采后品质。本研究对7℃低温贮藏3 d和22℃贮藏3 d的香蕉果实分别进行催熟,开展香气成分分析和差异基因筛选,确定香蕉香气合成的差异表达基因及其上游协同调控转录因子,经EMSA、双荧光素酶报告基因等手段,探明香蕉果实香气合成的转录调控机制。

经低温贮藏的香蕉果实香气释放受到显著抑制,主要表现为香气合成总量和特征香气物质乙酸异戊酯的含量明显下降(图4.2)。从香蕉果实成熟转录组中挑选了2个bZIP转录因子MabZIP4和MabZIP5,其基因表达趋势与香气合成酶基因表达趋势相一致。进一步研究表明,MabZIP4和MabZIP5可促进香蕉合成酶基因的转录。其中MabZIP4可以直接结合*BanAAT*启动子,而MabZIP5则可以直接结合*MaMT1*、*MaACY1*、*MaAGT1*和*BanAAT*启动子(图4.3)。研究揭示,MabZIP4和MabZIP5可能通过不同方式来调控香蕉香气合成。这为未来香蕉贮运及芳香物质的调控提供了理论基础。

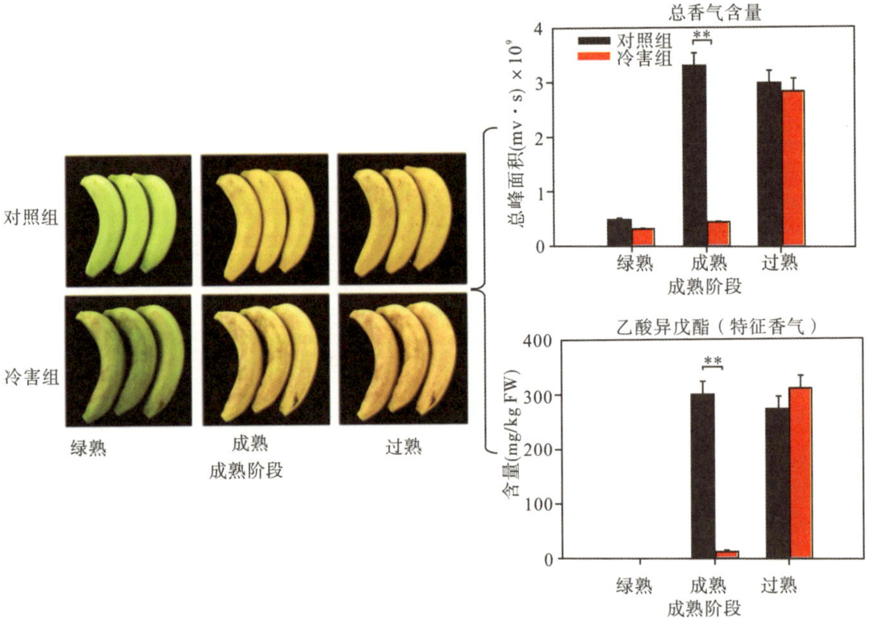

图4.2 冷害组和对照组在成熟过程中香气总量和特征香气物质含量的比较(引自代表性论文115)

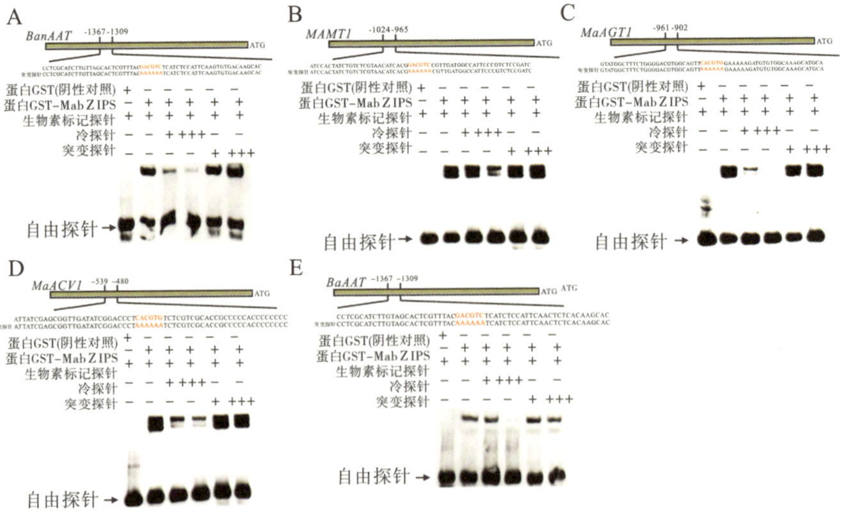

图4.3 香蕉MabZIP4/5直接结合香气合成相关基因的启动子(引自代表性论文115)

4.3　PE 膜处理减轻低温物流导致的椰子果实异味

低温贮藏物流可延长椰子果实货架寿命。然而,消费者对于低温物流后的果实风味品质颇有抱怨。关于低温物流导致的果实异味,具体的生物学基础有待研究,相关的调控措施也有待研发。本研究通过开展消费者感官评价,比较低温 4℃ 和常温 20℃ 物流椰子果实的风味;结合 GC-MS,检测果实的挥发性物质;对代谢组学进行数据统计分析,开展异味物质的鉴别;同时开展调控技术的研发。

研究发现低温物流后椰子果实开始出现异味,并且随着物流时间延长呈现加重趋势。研究鉴别了物流过程果实品质劣变的关键基因,并揭示了相关机制及调控途径,主要包括:脂肪酸途径的脂氧合酶(LOX)和氢过氧化物裂解酶(HPL)是椰子采后异味产生的关键酶,其活性与异味的主要挥发性物质(如庚醛、辛醛、壬醛和庚醇等)含量相关(图 4.4)。通过比较不同氧气透性的包装材料[聚氯乙烯(PVC)和聚氯乙烯(polyethylene,PE)],研发出可以减轻椰子采后异味的 PE 膜包装技术。本研究揭示了椰子果实低温异味的物质基础并研发了调控技术。

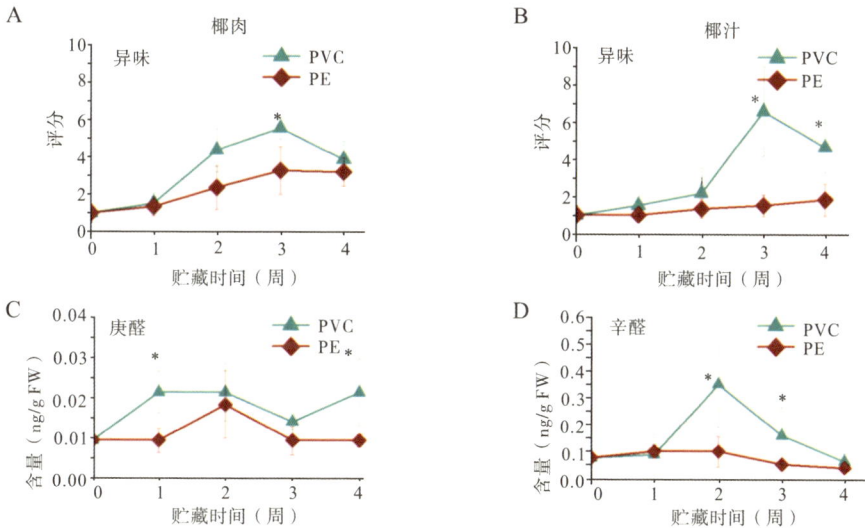

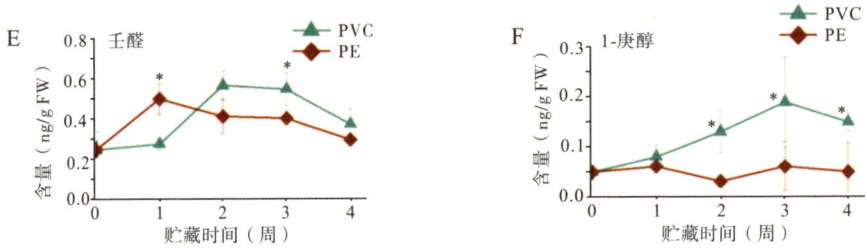

图4.4　PE膜包装减轻低温物流椰子果实的异味(引自代表性论文136)

4.4　柿果实采后脱涩保脆调控新通路

我国栽培柿品种多为涩柿,需经采后脱涩处理方可食用,但脱涩过程通常伴随果实软化。解析柿果实采后脱涩与软化的生物学机制,可为研发/优化新型脱涩保脆处理技术奠定基础。本研究对不同品种柿果实分别采用CO_2、1-甲基环丙烯(1-methylcyclopropene,1-MCP)及CO_2+1-MCP组合处理,展开转录组分析和差异基因筛选,确定果实脱涩和软化差异表达基因及其上游协同表达转录因子;经双荧光素酶体系、酵母杂交等技术,进一步明确柿果实脱涩后软化的转录调控机制。

研究筛选获得8个细胞壁代谢基因(*Dkβ-gal1/4*、*DkEGase1*、*DkPE1/2*、*DkPG1*和*DkXTH9/10*)和3个*DkERFs*(*DkERF8/16/19*)(图4.5),其转录水平与柿果实脱涩后软化呈正相关关系。经双荧光素酶体系和定点突变分析,结果表明DkERF8/16/19可以直接结合软化相关基因*DkXTH9*启动子脱水反应元件(dehydration responsive element,DRE),并增强其活性(图4.6)。进一步分析发现,DkNAC9和DkERF8/16对*DkEGase1*启动子存在一个协同增效现象,且DkNAC9通过与DkERF8/16互作参与果实脱涩软化。据此研发了CO_2+1-MCP处理的柿果实保脆脱涩新技术(已申请专利),该技术在脱涩的同时仍能维持果实的硬度(图4.7)。研究揭示CO_2+1-MCP处理的柿果实脱涩保脆新机制。

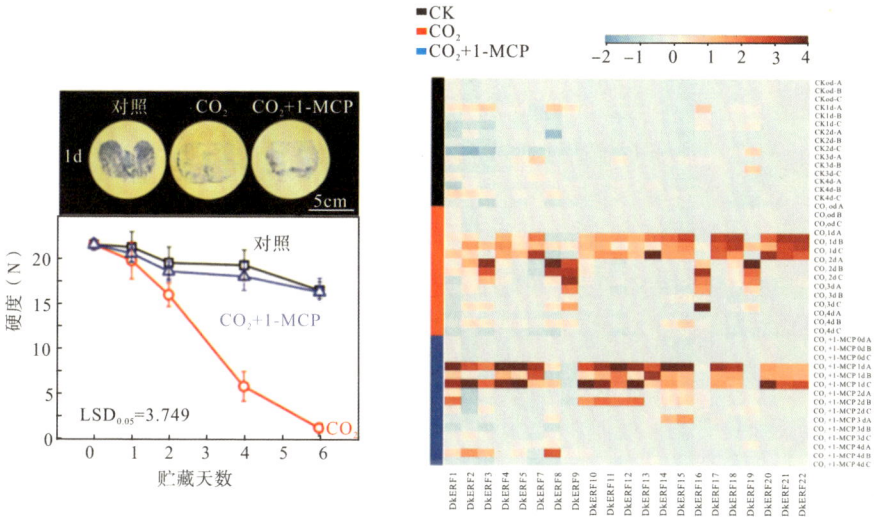

图4.5　筛选获得参与柿果实软化 *DkERFs* 基因（引自代表性论文19&38）

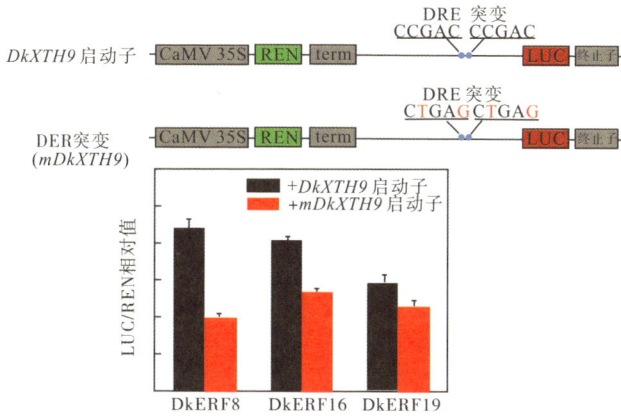

图4.6　双荧光素酶检测DkERF8/16/19对顺式元件突变的 *DkXTH9* 启动子效应（引自代表性论文19&38）

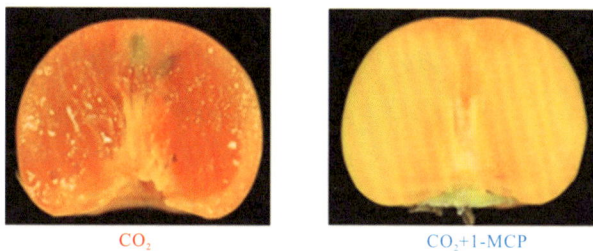

图4.7　CO_2+1-MCP处理（5 d）可有效保持柿果实采后脱涩保脆（引自代表性论文19&38）

4.5 EjNAC3直接结合*CAD-like*启动子调控枇杷果实木质化

枇杷(*Eriobotrya japonica*)是原产于我国的亚热带水果。红肉枇杷'洛阳青'在低温贮藏物流时易患生理病害而出现冷害木质化等症状,导致果肉中的木质素含量升高,影响果实商品品质。程序性降温(low temperature conditioning, LTC)处理可减缓枇杷冷害木质化现象。本研究采用热激(hyperthermia, HT)和LTC等处理,以延缓0℃贮藏过程中枇杷果实的木质化进程,结合生物信息学、基因定量、双荧光素酶、酵母单杂交、EMSA等技术手段,确定了响应低温冷害的NAC家族成员及其参与枇杷果实冷害木质化过程的分子调控机制。

通过生物信息分析锁定了一个NAC家族成员*EjNAC3*。*EjNAC3*表达水平与果实木质化进程呈现良好的正相关关系。双荧光素酶实验发现,EjNAC3能够显著激活木质素合成相关结构基因*EjCAD-like*。EMSA和酵母单杂交实验结果进一步表明,EjNAC3通过直接结合*EjCAD-like*启动子上游−502 bp至−454 bp区域,形成蛋白质–DNA复合结构并激活*EjCAD-like*的转录表达,从而发挥其转录调控作用(图4.8)。研究发现了EjNAC3通过直接结合*EjCAD-like*启动子调控枇杷果实木质化的机制。

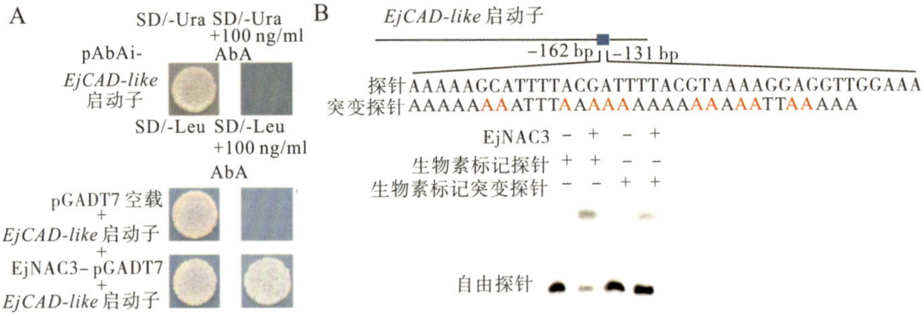

图4.8　EjNA3直接结合*EjCAD-like*启动子(引自代表性论文33)

4.6 龙眼果肉自溶进程存在活性氧代谢调控机制

龙眼采后容易发生果肉自溶,其特征是果壳看似完整,而果肉已经溶解、流汁并趋于腐烂,严重影响其食用品质和商品价值,是限制龙眼长期贮藏和远距离运销的主要因素。目前,对龙眼采后果肉自溶发生的机制尚不清楚。本研究分别用蒸馏水(对照组)和1.96 mmol/L的H_2O_2处理龙眼果实

20 min,再在15℃、相对湿度80%下贮藏。贮藏期间取样观察龙眼果肉自溶情况,并测定龙眼果肉硬度及细胞壁代谢相关指标。

与对照果实比较,经H_2O_2处理的龙眼果实显示出较高的果肉自溶指数和较低的果肉硬度(图4.9),表现为果肉细胞壁物质、离子结合型果胶、共价结合型果胶、半纤维素、纤维素含量均较低,而水溶性果胶含量、果肉细胞壁降解酶编码基因($DlPG$、$DlPE$、$Dl\beta-Gal$、$DlCx$和$DlXET$)表达水平及其相应酶的活性(PG、PE、β-Gal、Cx、XET)均较高(图4.10)。活性氧在龙眼果肉自溶发生进程中起关键作用,外源活性氧清除剂——没食子酸丙酯可通过降低龙眼果肉活性氧代谢水平延缓龙眼果肉软化和减少果肉自溶的发生,从而延长龙眼果实保鲜期。

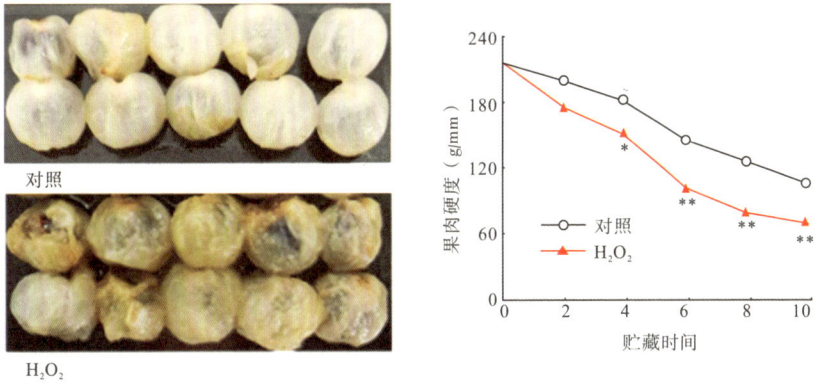

图4.9 H_2O_2处理加速果肉自溶(引自代表性论文44)

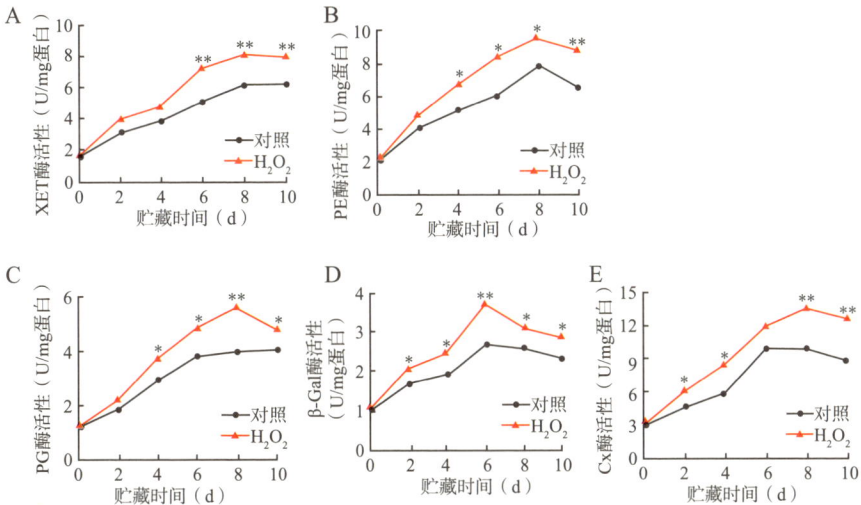

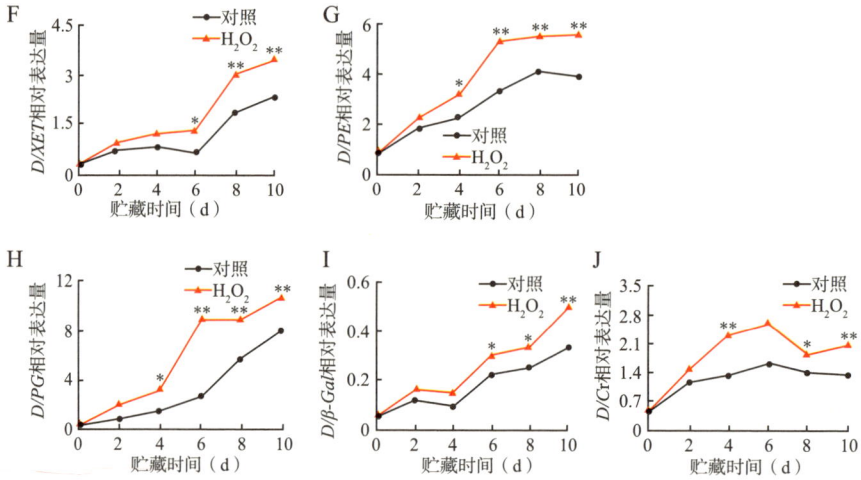

图4.10 细胞壁降解酶活性及编码基因表达分析(引自代表性论文44)

4.7 低温预贮减轻桃果实冷害

桃是一种冷敏感果实。经长时间冷藏及冷链物流,桃容易出现褐变、无法正常后熟软化等冷害症状。低温预贮LTC技术可显著减轻冷害症状,但是潜在的生物学机制未得到深入揭示。本研究以软溶质水蜜桃'湖景蜜露'为研究材料,通过综合运用生理生化、转录组学、脂质组学和关联分析等技术手段,探索LTC减轻桃果实冷害的分子生理机制。

研究发现,LTC增强贮藏早期果实乙烯的合成,通过乙烯信号转导下游转录因子ERFs,协同调控脂肪酸、磷脂和鞘脂等脂质代谢及细胞壁降解与修饰代谢,减轻果实冷害,促使果实正常后熟软化。其中差异表达的细胞壁相关基因包括*PG*、*PME*、*XTH*、*EXP*等(图4.11)。研究明确了"LTC-ERF-细胞壁降解-软化"通路的桃果实软化新机制,为进一步改进和开发新的冷藏与物流技术提供了新的科学理论支持。

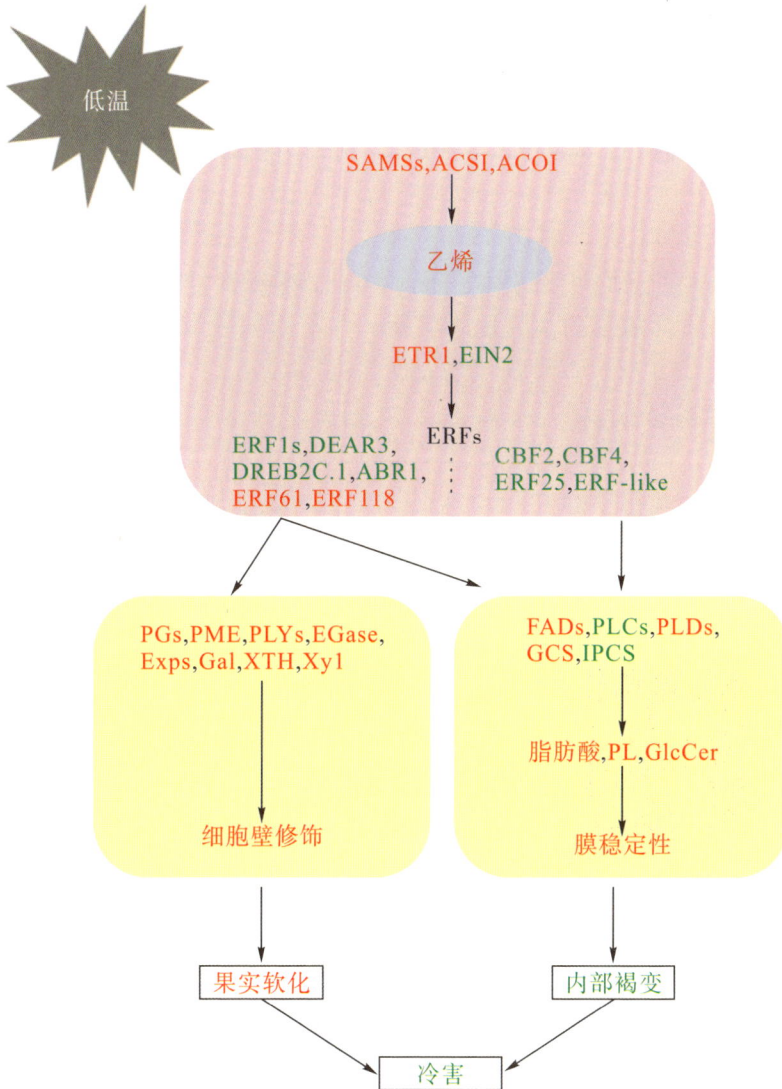

图4.11　LTC处理对细胞壁相关基因的调控(引自代表性论文31)

4.8　低温延缓鲜切莲藕褐变机制

鲜切果蔬已逐渐成为消费新趋势。莲藕是我国重要水生蔬菜。褐变是鲜切莲藕产业发展的瓶颈问题之一。低温是鲜切莲藕贮藏和销售环节中品质保障的重要条件。目前,低温延缓鲜切莲藕品质劣变的机制尚不清楚。

解析鲜切莲藕低温维持品质的生物学机制,可为鲜切莲藕贮藏保鲜提供理论支撑。本研究通过分析分别贮藏于不同温度(4℃、10℃、15℃和20℃)下的不同莲藕品种的鲜切莲藕片感官和生理生化指标变化,结合RNA-Seq技术和定量反转录PCR(quantitative reverse transcriptase-mediated PCR,qRT-PCR)方法,筛选出基于酚类代谢的差异表达基因及上游相关转录因子,初步解析低温延缓鲜切莲藕褐变的分子机制。

不同低温贮藏均可不同程度的延缓鲜切莲藕褐变,其中4℃效果最好;并且,酚类物质含量及酚类代谢相关酶——苯丙氨酸解氨酶(phenylalanine ammonia-lyase,PAL)、多酚氧化酶(polyphenol oxidase,PPO)和POD活性变化与鲜切莲藕褐变进程相一致(图4.12)。进一步分析发现,*NnPAL1*、*NnPPOA*、*NnPOD2/3*和*NnERF4/5*等基因的表达水平与鲜切莲藕褐变进程及酚类代谢相关酶活性变化呈正相关关系(图4.13)。*NnPAL1*、*NnPPOA*和*NnPOD2/3*可能为鲜切莲藕褐变的部分候选靶标基因,*NnERF4/5*可能参与了鲜切莲藕褐变转录调控。研究初步解析了低温延缓鲜切莲藕褐变的分子机制。

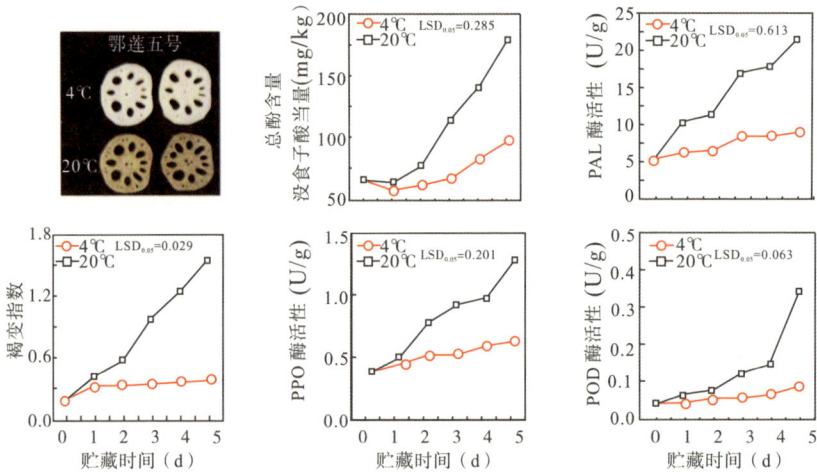

图4.12 低温贮藏对鲜切莲藕褐变及相关酶活性的影响(引自代表性论文104)

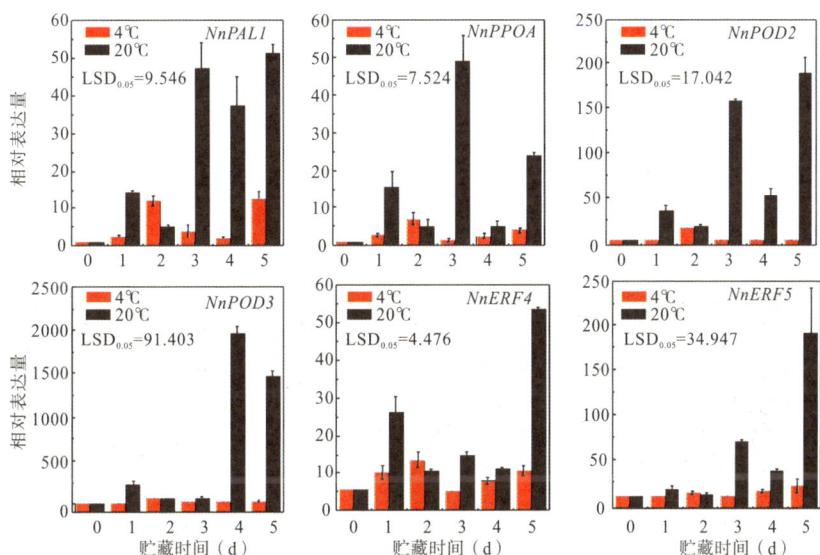

图4.13　低温贮藏对鲜切莲藕酚类代谢相关酶及 *ERF* 基因表达的影响(引自代表性论文104)

4.9　西兰花采后褪绿转黄机制

西兰花因含有抗癌效果的生物活性组分,深受消费者的喜爱。然而,采收后花球极易褪绿转黄,且伴随营养成分的变化,严重影响西兰花的商品价值。褪绿机制目前尚不清楚,其分子机制可用于指导调控技术的研发。本研究探讨西兰花在不同温度条件下的黄化规律;通过转录组测序技术研究西兰花转黄过程中黄化关键酶基因的表达特征及其参与的代谢途径。

在西兰花黄化过程中,最大光能转化效率(F_v/F_m值)和叶绿素含量下降,非光化学猝灭(non-photochemical quenching,NPQ)水平提高,类胡萝卜素含量增加(图4.14)。叶绿素b、β-隐黄质和β-胡萝卜素是西兰花黄化的重要色素成分。从叶绿素代谢、类胡萝卜素生物合成和类黄酮生物合成代谢通路上分别筛选出6种、5种和4种差异表达基因。GO分析表明,转录因子 *BobHLH66*、*BoPIF4*、*BoLOB13*、*BoNAC92* 和 *BoAPL* 是色素代谢途径中潜在的调节因子;通过 EMSA、双荧光素酶体系和酵母单杂交实验,发现 BoPIF4 和 BobHLH66 转录因子分别通过与 G-box 和 GCACGTGC 元件特异性结合,调控叶绿素降解关键酶基因 *BoCAO* 和类胡萝卜素生物合成关键酶基因 *BoHYD* 的启动子活性,并正向激活 *BoCAO* 和 *BoHYD* 的转录(图4.15)。研究揭示了 BoPIF4 和 BobHLH66 转录调控西兰花叶绿素降解和类胡萝卜素合成关键基因的表达,并介导采后西兰花褪绿转黄的分子机制。

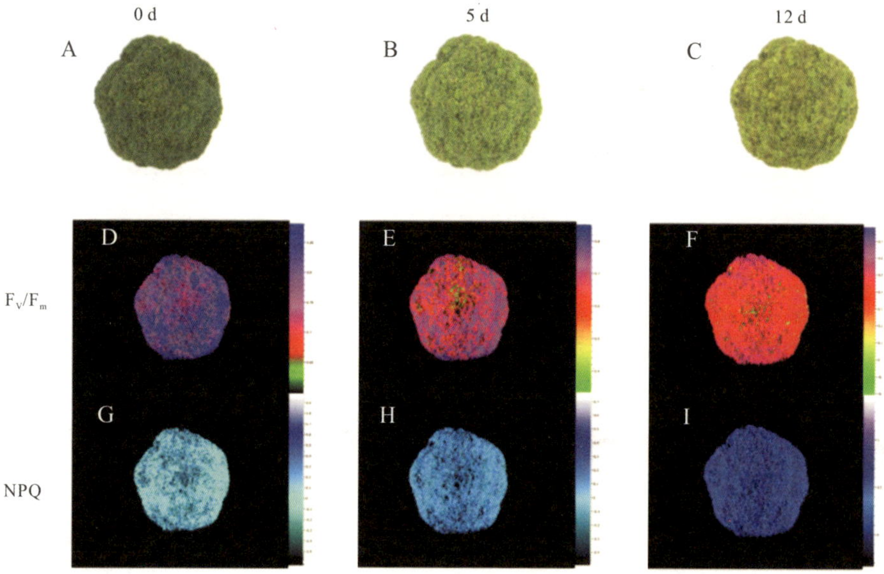

图4.14　西兰花的叶绿素荧光成像(引自代表性论文64&71)

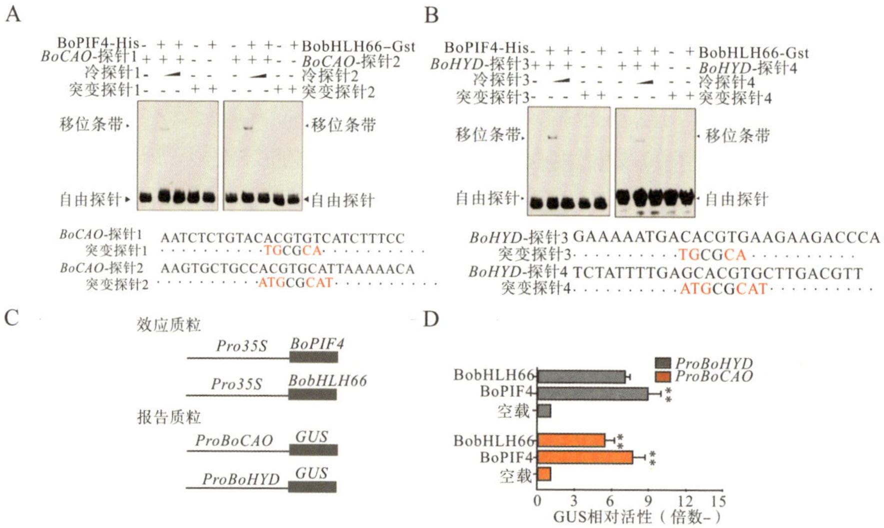

图4.15　BoPIF4和BobHLH66蛋白与*BoCAO*和*BoHYD*启动子结合的EMSA(A-B),
BoPIF4和BobHLH66激活*BoCAO*和*BoHYD*启动子转录的β-葡萄糖醛酸酶(GUS)活性分
析(C-D)(引自代表性论文64&71)

4.10　番茄果实采后冷害抗性调控新通路

番茄是低温敏感果实。采后低温贮运过程中,番茄容易发生冷害,使果实品质受到严重影响。但番茄响应低温胁迫的分子调控机制还不清楚。解析番茄果实采后低温响应的生物学机制,可为开发冷链物流品质保持技术提供理论基础。本研究通过遗传转化获得番茄转录因子 *SlGRAS4* 的过表达与 RNA 干扰(RNAi)材料,并对果实进行低温处理和品质指标测定;通过 ChIP-Seq 和 RNA-Seq 分析,筛选 SlGRAS4 调控的低温相关靶基因,经双荧光素酶体系、酵母单杂交等技术进一步明确 SlGRAS4 调控番茄果实冷害的抗性机制。

SlGRAS4 的过表达增强番茄果实冷害抗性,下调 *SlGRAS4* 的番茄果实对低温冷害更敏感(图4.16)。分析发现,SlGRAS4 可以直接结合4566个基因,其中18.14％的基因结合其上游1000 bp的启动子区域。进一步对未处理和低温处理的果实进行分析,筛选出 SlGRAS4 直接调控的低温响应相关靶基因。利用酵母单杂交与双荧光素酶体系,明确 SlGRAS4 直接结合并激活多个低温相关代谢通路基因的启动子,包括抗氧化系统、钙离子信号、光合作用和能量代谢等。SlGRAS4 通过形成同源二聚体并激活自身的表达,直接结合并激活 *SlCBF1*、*SlCBF2* 和 *SlCBF3* 基因的启动子(图4.17)。研究表明,SlGRAS4 不仅可直接调控低温响应基因,还可调控 CBF 通路。研究揭示了转录因子 SlGRAS4 调控番茄果实冷害抗性的新机制。

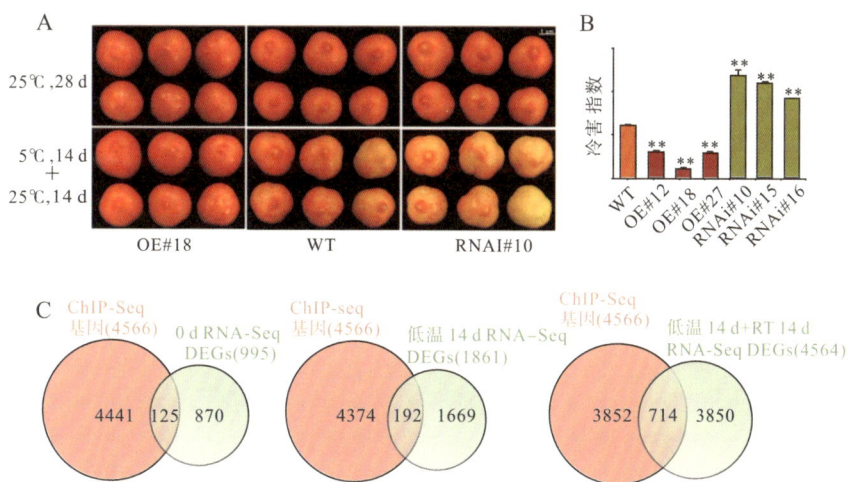

图4.16　SlGRAS4增强番茄果实冷害抗性(引自代表性论文18)

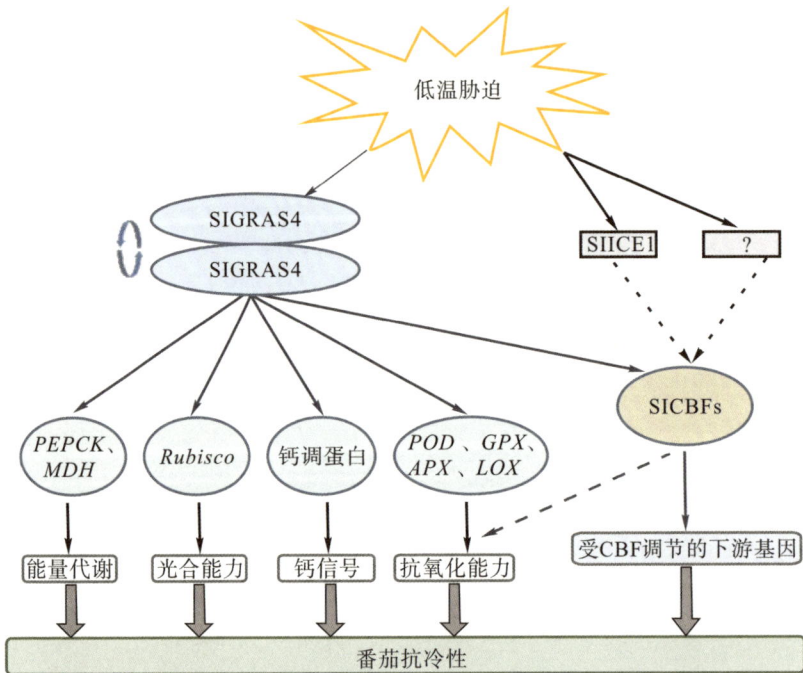

图4.17　*SlGRAS4*调控番茄果实冷害抗性机制通路（引自代表性论文18）

4.11　泛素化修饰参与香蕉果实冷害调控

冷害引起香蕉果实后熟障碍，进而影响果实的品质。泛素化修饰是否及其怎样参与调控果实冷害，鲜少报道。本研究通过对香蕉果实冷害ICE-CBF途径上的核心转录因子ICE进行互作蛋白筛选，确定与ICE互作的泛素链接酶MaSINA1；进一步采用体内/体外泛素化等体系，阐明香蕉果实冷信号ICE的翻译后修饰调控机制。

以响应冷胁迫的关键信号组分MaICE1为诱饵，通过酵母双杂交文库筛选，获得了一个泛素连接酶MaSINA1；经BiFC和CoIP等进一步证实，MaSINA1和MaICE1存在蛋白质–蛋白质相互作用；研究还表明，*MaSINA1*的基因表达和启动子活性均受到低温抑制，MaSINA1蛋白主要定位在细胞核，具有泛素连接酶活性。体内和体外泛素化实验表明，MaSINA1可以泛素化降解MaICE1，影响MaICE1蛋白稳定性（图4.18）。MaSINA1抑制了MaICE1转录激活*MaNAC1*的能力（图4.19），表明香蕉MaSINA1通过直接调控MaICE1蛋白稳定性而影响果实对冷胁迫的响应。研究揭示了香蕉冷信号关键ICE的翻译后修饰新机制。

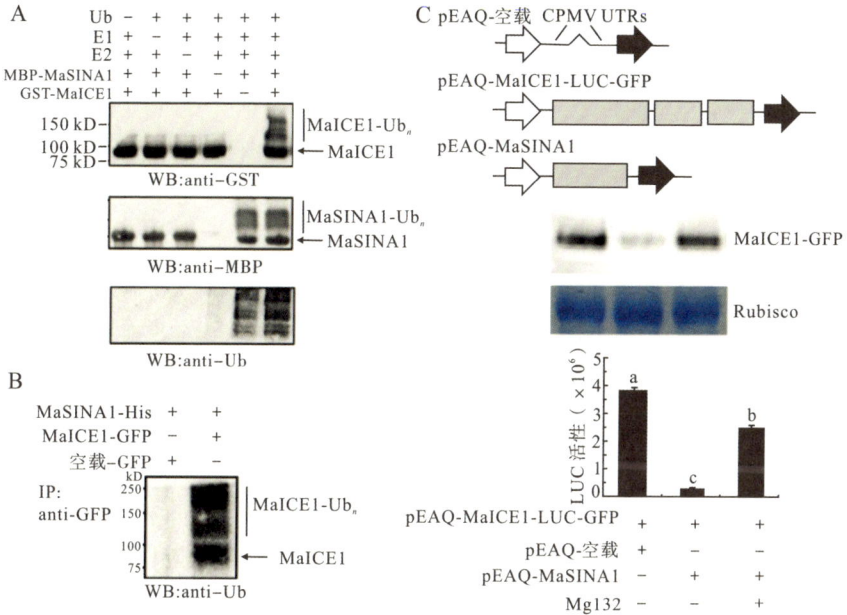

图 4.18　MaSINA1 泛素化降解 MaICE1（引自代表性论文 83）

Ub 为泛素（ubiquitin）；E1 为泛素活化酶；E2 为泛素结合酶；MBP 为 murine anti-maltose binding protein；WB 为蛋白质印迹免疫分析（Western blot）；Anti-Ub 为 Ub 抗体（ubiquitin antibogy）；anti-MBP 为 MBP 抗体（MBP antibody）；His 为组氨酸（histidine）；IP 为免疫反应（immunoprecipitation）。

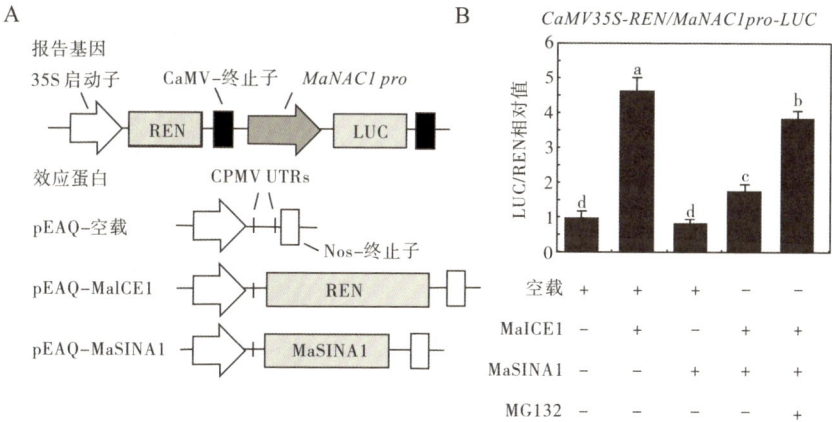

图 4.19　MaSINA1 抑制 MaICE1 对 *MaNAC1* 的转录激活（引自代表性论文 83）

4.12　香蕉应答低温的膜脂代谢的表观遗传调控机制

香蕉果实对低温敏感,其冷害症状主要表现为果皮褐变、凹陷及果肉不能正常成熟等。然而膜脂代谢参与香蕉果实低温冷害的表观遗传机制目前报道较少。本研究通过测定贮藏于常温（22℃）和低温（7℃）的香蕉果实膜脂相关指标，确定香蕉果实应答低温的膜脂代谢的物质基础；通过蛋白质-蛋白质相互作用、染色质免疫共沉淀等技术，进一步明确香蕉果实应答低温的表观遗传调控机制。

低温诱导香蕉果皮内饱和脂肪酸含量的降低和不饱和脂肪酸含量的升高，并使脂肪酸不饱和指数和脂肪酸不饱和度保持较高水平。qRT-PCR分析表明，低温胁迫诱导了脂肪酸去饱和酶基因*MaFAD3-1/3/4/7*和*MaSLD1/2/3*的表达。通过酵母单杂交文库筛选实验，鉴定了一个转录抑制因子MYB4与*MaFAD3-1*相互作用；EMSA和ChIP-qPCR分析表明，MaMYB4均可以直接结合*MaFAD3-1/3/4/7*和*MaSLD1/2/3*的启动子。酵母双杂交和双分子荧光互补分析表明MaMYB4与MaHDA2相互作用（图4.20）。进一步研究发现，膜脂代谢结构基因*MaFADs*和*MaSLDs*启动子的组蛋白H3乙酰化（H3ac）和组蛋白H4乙酰化（H4ac）水平在冷害中显著提高（图4.21）。研究揭示了基于香蕉果实应答低温的膜脂代谢的组蛋乙酰化机制。

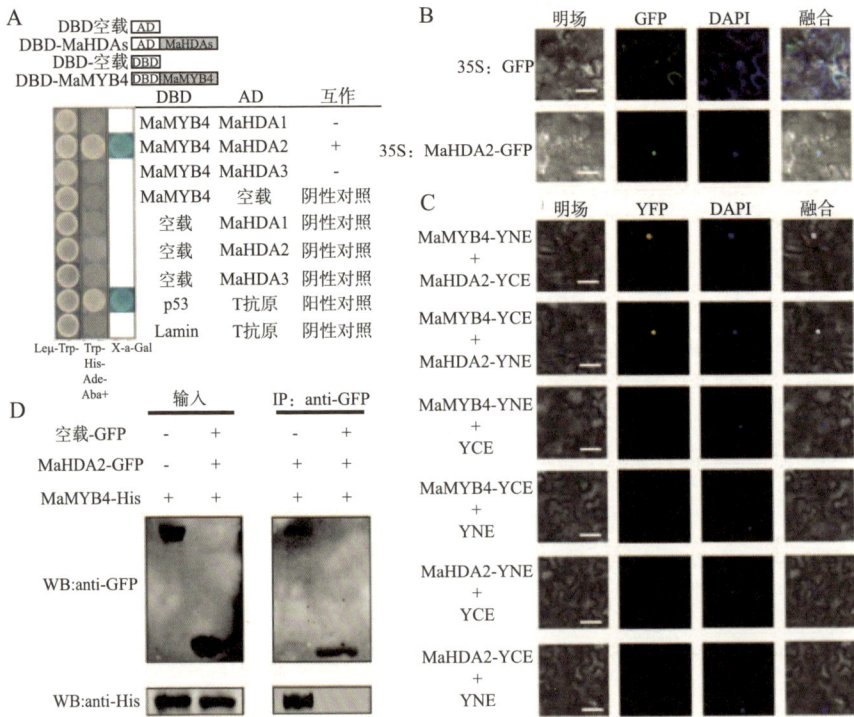

图4.20　MaMYB4与MaHDA2相互作用（引自代表性论文95）

DBD为pGBKT7质粒（DNA binding domain）；AD为pGADT7质粒（activation domain）；DAPI为4′,6-二脒基-2-苯基吲哚，是一种能够与DNA强力结合的荧光染料；YNE为YFP蛋白N端（YFP N-terminal element）；YCE为YFP蛋白C端（YFP N-terminal element）。

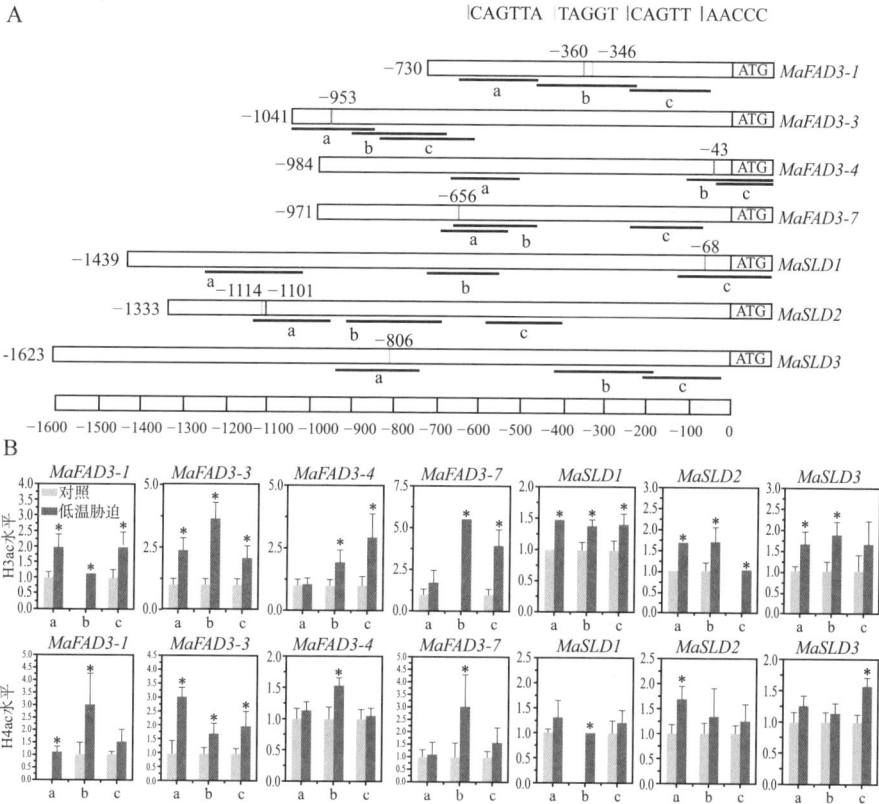

图4.21　*MaFADs*和*MaSLDs*应答低温中H3ac和H4ac水平的变化(引自代表性论文95)

4.13　采后青椒果实冷害的形态及其与膜脂组分的关系

青椒果实生理代谢旺盛,低温贮运可有效降低其代谢水平,延长其保鲜期。然而低温下青椒易发生冷害,降低其商品品质和商品价值。解析采后青椒果实低温胁迫下细胞膜组分、结构和生理代谢变化,可为探索相应的调控技术提供理论依据。本研究通过对4℃和10℃下青椒果实的表观形态、果肉组织解剖结构、细胞结构及水分分布的观察与膜脂组分的分析,明确青椒果实的冷害症状及其发生的物质基础。

青椒果实在4℃下出现冷害症状,表现为果肉组织塌陷、细胞轮廓模糊、皱缩、细胞膜破损、细胞器瓦解、水分匮缺明显、自由水含量大幅下降(图4.22)。青椒的冷害过程伴有细胞膜脂的降解,包括脂质分子单半乳糖甘油二酯(monogalatosyl diglyceride, MGDG)、磷脂酰胆碱(phosphatidylcholine,

057

生鲜食用农产品物流环境适应性及品质控制机制

PC）含量的下降，以及双半乳糖甘油二酯（digalactosyl diglyceride，DGDG）含量及磷脂酸（phosphatidic acid，PA）含量的增加。MGDG退化的主要贡献者是36:6和34:2 MGDG，PC含量下降的主要贡献者是34:2和36:4 PC，PA含量升高的主要贡献者是36:4 PA。4℃下，膜脂代谢通路中的两个关键酶——磷脂酶D（phospholipase D，PLD）和LOX活性被显著诱导提高，与青椒冷害的生理变化过程一致（图4.23）。研究揭示了采后青椒果实冷害的形态表征及其与膜脂组分变化的关系。

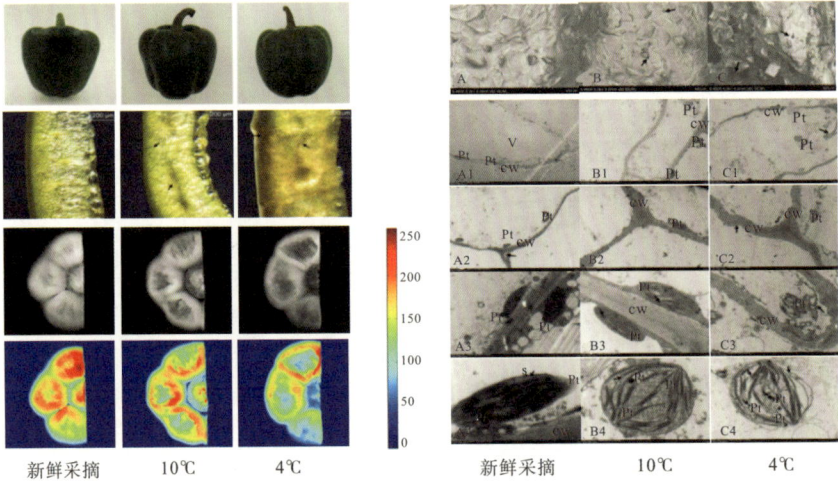

图4.22 不同温度下青椒形态与细胞结构变化（引自代表性论文94）

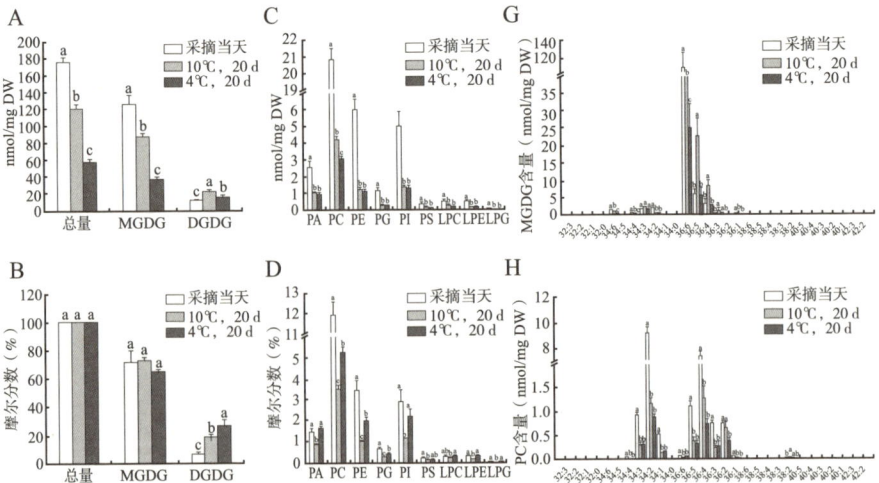

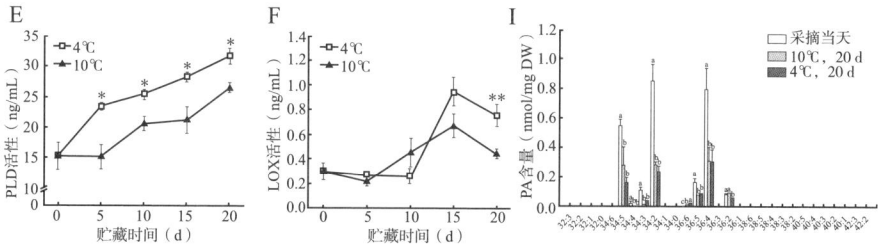

图4.23 不同温度下青椒膜脂组分含量及关键代谢酶活性变化(引自代表性论文94)

4.14 CaNAC1通过调控膜脂代谢相关基因介导青椒果实冷害发生的分子机制

低温贮运是保持青椒果实采后品质及延长货架期的主要手段,但青椒对低温较为敏感,低温贮运过程中常伴随种籽、花萼褐变和果皮凹陷等冷害症状。解析采后青椒果实冷害发生的生物学机制,可为针对性地探索青椒低温贮运保鲜技术提供理论依据。本研究以4℃和10℃贮藏的青椒为试材,通过观察果实外观和细胞结构,结合生理生化和转录组测序技术,确定果实冷害过程的膜脂降解关键差异表达基因和上游协同表达转录因子,借助酵母单杂交、EMSA等技术进一步明确青椒果实冷害发生过程的膜脂降解转录调控机制。

研究筛选获得14个参与甘油磷脂降解的基因和14个差异表达的转录因子,包括3个磷脂酶D编码基因($CaPLD\alpha1$、$CaPLD\alpha4$和$CaPLD\beta1$)和CaNAC1,其中$CaPLD\alpha4$和$CaNAC1$转录水平与受冷害青椒的细胞膜结构损伤趋势一致(图4.24)。CaNAC1可以特异性结合膜脂降解关键基因$CaPLD\alpha4$启动子的顺式作用元件,进而实现对其转录调控(图4.25);GUS报告基因实验结果进一步表明,CaNAC1正调控$CaPLD\alpha4$启动子的转录,进而参与青椒果实冷害的膜脂降解过程(图4.25)。研究揭示了CaNAC1转录调控膜脂降解关键基因$CaPLD\alpha4$,介导青椒果实采后冷害发生的分子机制。

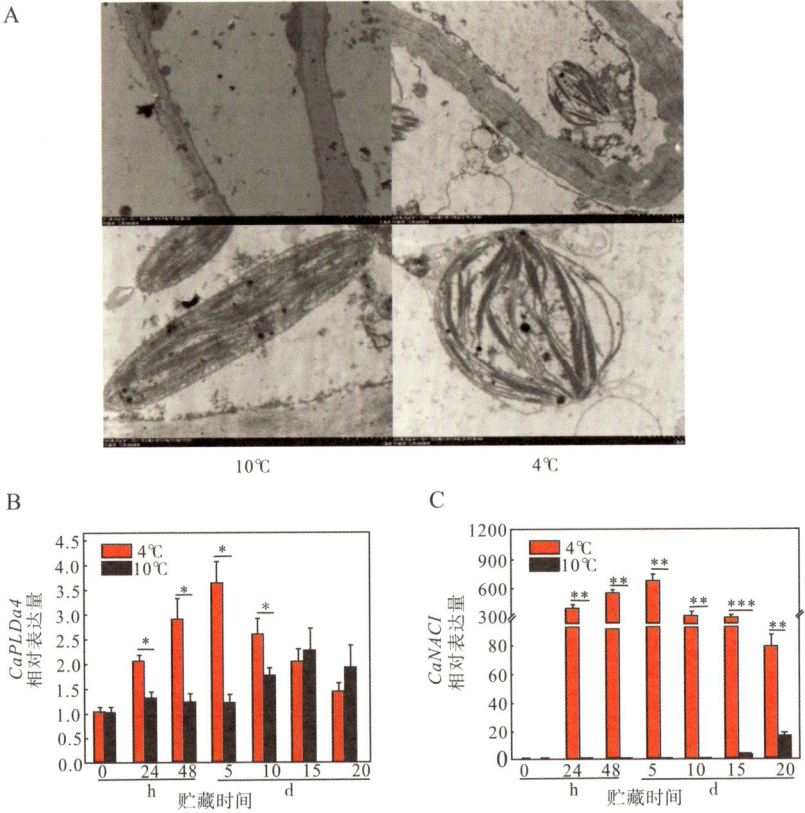

图 4.24　不同温度下青椒果实超微结构及 *CaPLDα4* 和 *CaNAC1* 表达水平(引自代表性论文34)

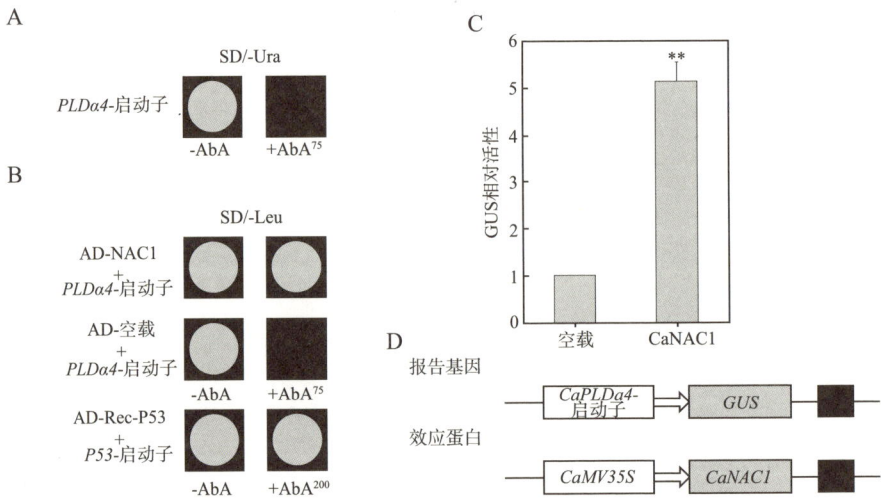

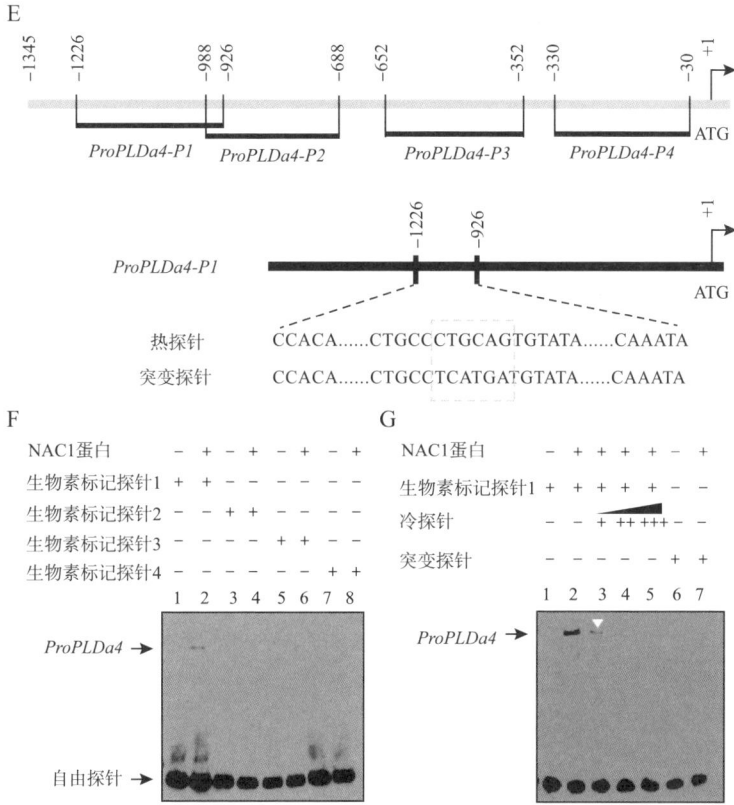

图4.25　CaNAC1与 *CaPLDα4* 启动子结合能力和调控模式(引自代表性论文34)

第5章　粮食与水产品产后品质劣变及其调控研究

粮食与水产品产后也会发生品质劣变,但具体形式与果蔬大不相同。粮食富含淀粉、蛋白质和一定量的脂类物质,容易发生黄变、产生异味,从而导致口感差。粮食品质劣变受存储环境的影响。水产品渔后存在蛋白质劣变,且渔后冻结方式对肌原纤维蛋白质影响非常显著,影响解冻后品质。本章介绍粮食与水产品品质劣变及其调控方面的研究成果。

5.1　蛋白质含量及凝胶硬度与粳稻米饭感官品质的关系

在供给侧结构性改革的背景下,稻米品质如何改良,如何满足人民日益增长的对更高品质的要求已经成为水稻育种者的主攻方向之一。稻米品质主要包括外观品质、碾磨品质、蒸煮食味品质和营养品质等四个方面,其中以蒸煮食味品质最为重要。稻米蒸煮食味品质通常与稻米的理化特性密切相关,但这些理化特性与粳稻感官品质的关系还未完全清楚。本研究在两个地区(响水和杭州)种植'龙稻18'、'龙稻20'和'龙稻30'三个粳稻品种,测定感官品质及理化特性,以进一步明确决定粳稻稻米食味品质的影响因素(图5.1)。

在水稻生长季节,响水的月平均温度比杭州低,月总日照时数及月总降水量等也比杭州少。在响水地区种植的粳稻感官品质总体得分较高,表明生长区域是决定粳稻感官品质的关键因素。除了种植地点外,'龙稻18'在两个地方的感官品质整体得分都最高,而'龙稻30'在响水地区是得分最低的品种,表明基因型也具有重要作用。稻米直链淀粉含量、蛋白质含量、淀粉黏滞性谱、淀粉糊化温度、氨基酸含量等在响水和杭州间存在显著性差异(图5.2)。相关性分析表明,稻米的感官品质与蛋白质含量显著负相关,与淀粉凝胶硬度显著正相关。蛋白质含量和淀粉凝胶硬度是决定粳稻感官品质的重要理化参数,为优质粳稻选育提供了理论依据。

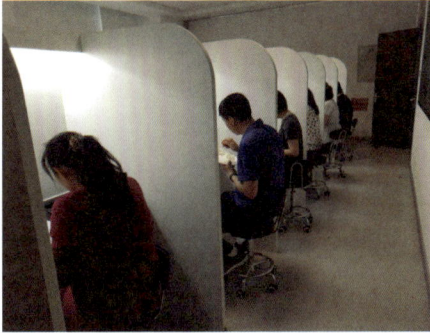

图 5.1　稻米感官品质评价
（引自代表性论文 149）

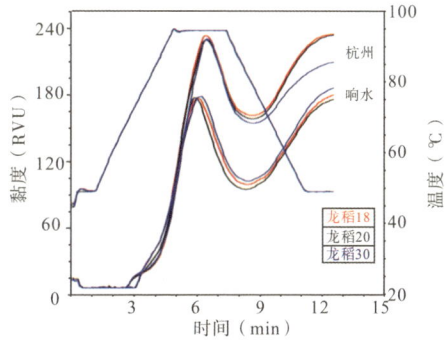

图 5.2　稻米淀粉糊化黏度
（引自代表性论文 149）

5.2　稻米高抗性淀粉形成的遗传−结构−功能关系

随着我国社会经济发展和人民生活水平的提高,人们的饮食结构发生了巨大变化,膳食结构不平衡和营养过剩导致糖尿病、肥胖症、高血压、高血脂、心脑血管病及冠心病等慢性疾病高发,严重影响人民健康。稻米淀粉理化特性除了与稻米食味品质密切相关外,还与健康功效有关。抗性淀粉(RS)是指不能在小肠中被消化吸收,能够到达结肠并被结肠中的微生物菌群发酵,继而发挥有益生理作用的淀粉。RS 具有预防结肠癌、降低血液胆固醇含量、减少肥胖和结石的发病率、增加矿物质吸收、控制糖尿病等生理功能。但是,调控稻米功能特性形成的分子结构基础及遗传机制还不明确,制约了稻米品质的改良进程。本研究通过辐射诱变,筛选高 RS 突变体,通过测定淀粉精细结构、淀粉合成相关蛋白表达水平等,明确控制抗性淀粉形成的遗传与结构基础。

从高直链淀粉含量(AC)籼稻'广陆矮 4 号'中筛选到 RS 高达 7.9％ 和 8.4％ 的突变体(图 5.3),发现 AC 及支链淀粉 B1 链含量与 RS 显著正相关,而支链淀粉平均链长和 B3 链含量与 RS 显著负相关(图 5.4)。从低 AC 籼稻'93−11'中筛选到 RS 为 3％ 的突变体。突变体中 GBSSI 和 SSIIIa 的相对含量最高,影响直链淀粉峰高和直链淀粉大小,从而影响 RS。但是 B1 链含量和平均链长与 RS 的关系与高直链淀粉材料相反。抗性淀粉的形成受基因控制,支链淀粉结构与抗性淀粉含量的关系与基因型有关。

抗性淀粉含量（%）

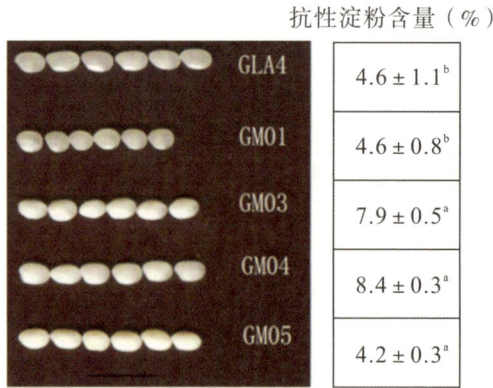

	抗性淀粉含量（%）
GLA4	4.6 ± 1.1^{b}
GM01	4.6 ± 0.8^{b}
GM03	7.9 ± 0.5^{a}
GM04	8.4 ± 0.3^{a}
GM05	4.2 ± 0.3^{a}

图 5.3 从'广陆矮 4 号'中筛选到的高 RS 突变体的籽粒形态抗性淀粉含量（引自代表性论文 46）

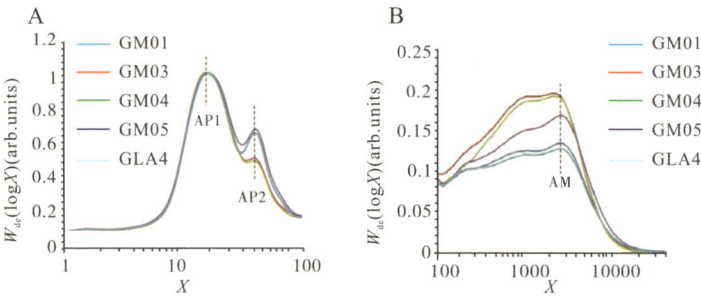

图 5.4 淀粉的精细结构（引自代表性论文 46）

A. 支链淀粉（AP）链长分布；B. 直链淀粉（AM）链长分布。横坐标 X 为淀粉聚合度；纵坐标 W_{de} 为链长相对重量。

5.3 黄变对大米籽粒内部结构的多角度影响

黄变是稻谷贮藏中常见的现象之一,不仅影响籽粒色泽,也会诱变籽粒内部结构,从而导致大米蒸煮品质的改变。多角度研究稻谷籽粒结构,为了解黄变过程中籽粒内部生理变化提供理论支持。本研究采用扫描电子显微镜、示差扫描量热仪和动态水分吸附测定仪分别研究稻谷籽粒形态、水分传递动力学和热学性质。

正常米呈现出完整的内部结构,淀粉颗粒排列整齐;黄变米淀粉颗粒无序性增大,颗粒之间存在明显的裂痕(图 5.5),这种颗粒内部结构的改变导致黄变米中"毛细管通道"的形成。水分吸附–解吸动力学结果表明,黄变米(红色线)对水分吸附和解吸的速度大于正常米(黑色线)(图5.6)。这种黄变导致加快的水分吸附–解吸特征与稻谷黄变导致的"毛细管通道"形成特征相吻合。黄变前期,米的 To(起始糊化温度)、Tp(峰值糊化温度)和 Tc(结束糊化温度)值逐步上升,表明稻谷黄变过程中籽粒内部形成了更为有序的结构;并且,大米的热焓值(ΔH)随着时间的延长逐渐增加;但随着贮藏的持续,稻谷的 ΔH 呈现从高位点持续下降的趋势。黄变导致大米内部结构的有序性降低,加快了对水分的吸附和解吸速度;在高水分状态下稻米的有序性向无序性转折点会提前出现。

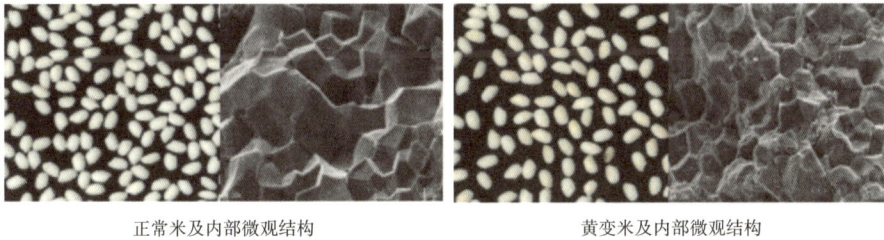

正常米及内部微观结构　　　　　　　黄变米及内部微观结构

图5.5　大米籽粒内部微观结构图(引自代表性论文68&148)

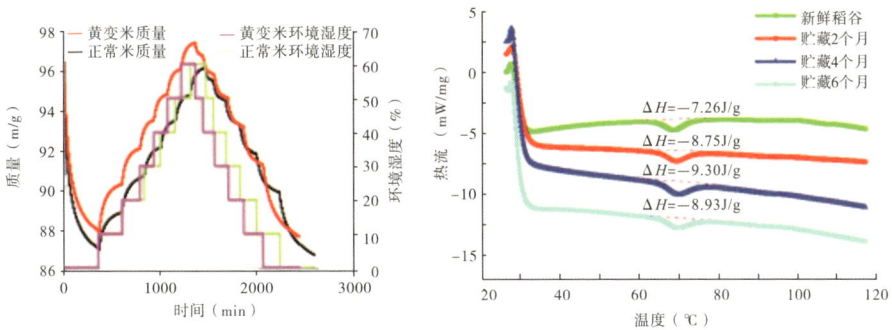

图5.6　大米吸附与解吸动力学特征及热力学性质分析(引自代表性论文68&148)

5.4　基于差异代谢物的黄变诱导代谢调控通路

黄变是稻谷在贮藏过程中由湿热作用导致的生理变化加剧特征之一,解析稻谷黄变的生理学机制,筛选生物标志物,可为科学储粮提供预警机制。本研究采用气相色谱–质谱、气相色谱–离子迁移色谱研究稻谷黄变中的特征风味物质变化规律,应用代谢组学分析黄变前后代谢物的差异并筛选出差异代谢物,并进行KEGG富集通路分析。

差异代谢物的KEGG富集通路主要包括缬氨酸、亮氨酸和异亮氨酸合成途径,黄酮和黄酮醇合成途径,苯丙氨酸代谢通路,苯丙素生物合成途径,异喹啉生物碱合成途径,乙醛酸和二元酸代谢通路(图5.7)。从黄变米中鉴定出43种挥发性化合物,总酯类、酮类和醇类化合物的含量显著高于正常米,其中6-甲基-5-庚烯-2-酮和6,10,14-三甲基-2-十五酮的含量随着黄变过程的进行呈线性增长,可作为生物标记物跟踪稻谷黄变过程(图5.8)。苯丙素是连接初级和次级代谢的重要调控位点,稻谷黄变过程通过苯丙素代谢途径产生黄酮类和酚类等次级代谢物的前体物质——芳香族氨基酸和莽草酸(图5.9)。黄酮类化合物是苯丙素代谢途径最大的一类次级代谢产物。稻谷黄变诱导的特征氨基酸和黄酮类物质的生物转换可能是稻谷黄变的重要调控机制之一。

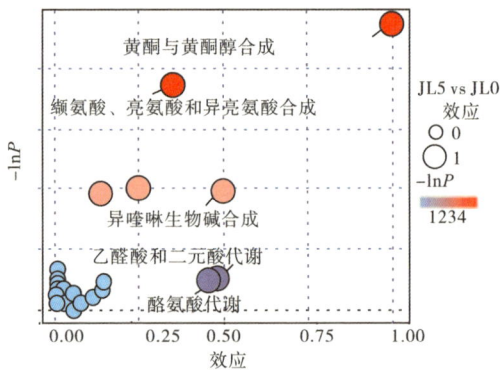

图5.7　稻谷黄变差异代谢物的代谢富集途径(引自代表性论文61)

JL5为辽星20号稻谷储藏5个月样本;JL0为辽星20号稻谷新鲜样本。

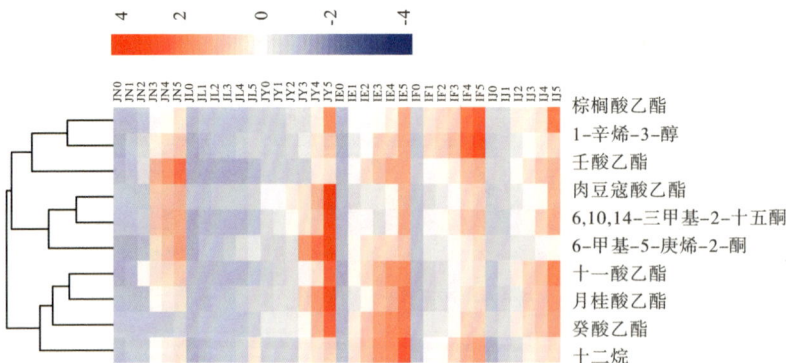

图5.8　稻谷黄变特征挥发物变化动态热图(引自代表性论文61)

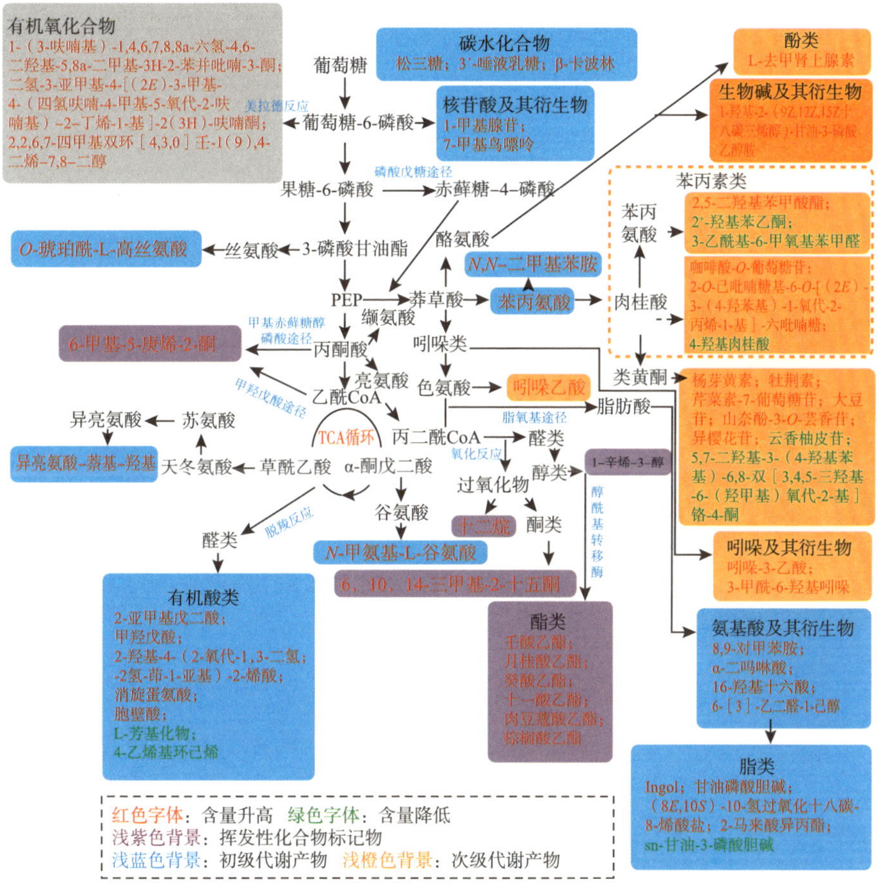

图5.9　稻谷黄变代谢通路(引自代表性论文61)

5.5　贮藏期间脂类物质与稻米食味品质的关系

稻谷的贮藏时间及贮藏环境直接影响其品质。解析贮藏过程中稻谷脂类物质的变化可为科学储粮提供依据。本研究应用基于超高效液相色谱−三重四极杆/静电场轨道阱高分辨质谱的脂质组学分析方法,分析稻谷在贮藏过程中脂类物质变化,筛选出差异脂类物质,并进行KEGG富集通路分析。

研究明确了粳稻、籼稻贮藏过程中脂类物质代谢具有显著性差异,差异的潜在特征脂质分子主要为溶血磷脂、甘油磷脂、甘油酯、脂肪酸。KEGG通路分析显示,这些脂质主要参与了甘油磷脂代谢、亚麻酸代谢、角质、木质素和蜡的生物合成,以及甘油酯代谢等(图5.10)。贮藏导致了稻谷中脂类物质的降解。在相同的贮藏条件下,粳稻中的脂类物质降解速率要远高于籼稻。

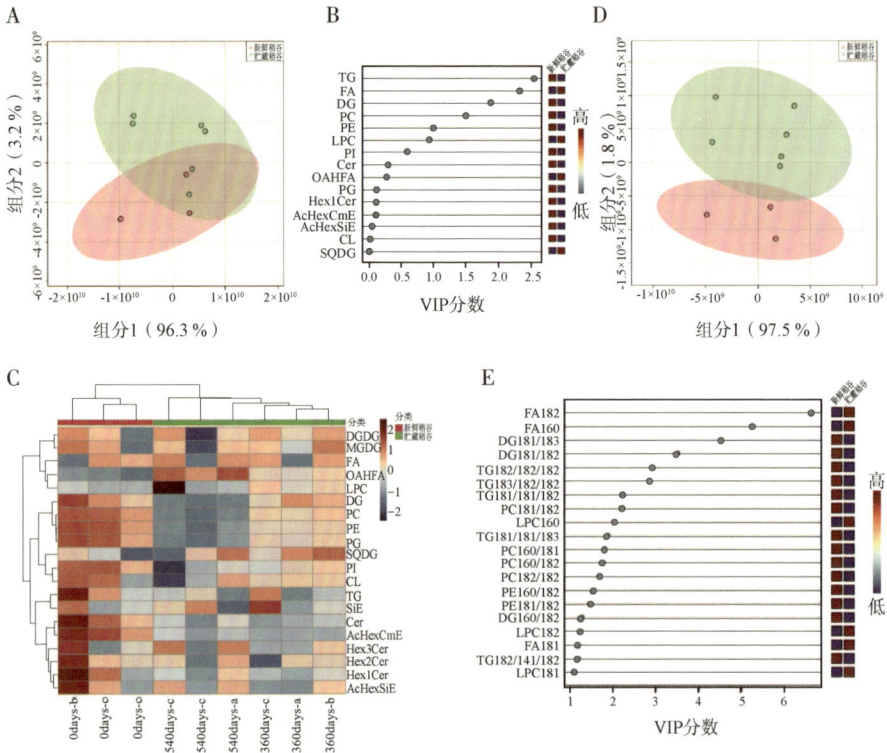

图5.10　新鲜稻谷和贮藏稻谷的差异分析(引自代表性论文87)

5.6　三文鱼死后腐败相关蛋白类标志物及蛋白质劣变机制

鱼等水产品宰后肌肉发生的第一次变化是由内源性酶催化的肌肉蛋白质和结缔组织的水解反应。鱼肉的软化也与酶催化产生的各种生化反应有关,因此相关酶或蛋白有可能指示鱼的死后腐败情况。本研究利用iTRAQ蛋白质组学技术测定了大西洋鲑(三文鱼)贮藏过程中的蛋白质差异表达情况,结合部分鲜度指标和分级提取的蛋白质SDS-PAGE结果,筛选出能够指示其鲜度变化的蛋白类标志物,并解析鱼死后蛋白质劣变机制。

研究分析得到10种可用于反映大西洋鲑鲜度的蛋白质标志物,分别为果糖二磷酸醛缩酶、甘油醛-3-磷酸-脱氢酶、谷胱甘肽-1、线粒体细胞色素b-c1复合物亚基6、β-球蛋白、血红蛋白亚基α、微管蛋白-α链、伴肌动蛋白异构体X4、α-肌动蛋白3和脂肪酸结合蛋白;明确了上述蛋白的降解变化规律,揭示了三文鱼宰后蛋白质劣变机制;果糖二磷酸醛缩酶和脂肪酸结合蛋白及其变化规律分别与SDS-PAGE和双向电泳结果一致,可作为大西洋鲑鲜度变化的蛋白类标志物(图5.11)。研究明确了三文鱼死后腐败相关蛋白类标志物果糖二磷酸醛缩酶和脂肪酸结合蛋白可作为鱼品质劣变指示物,并揭示了其蛋白质劣变机制。

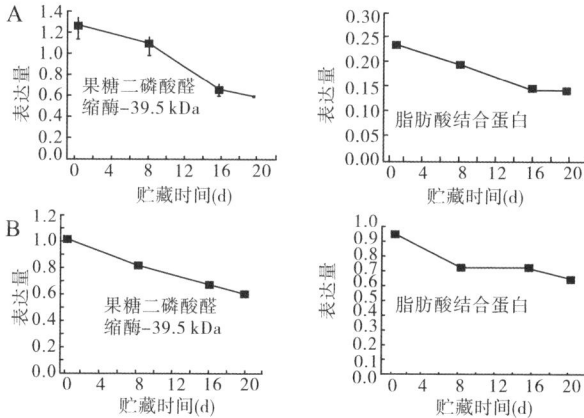

图5.11 平行反应监测(PRM)技术(A)和iTRAQ技术(B)定量检测标志性蛋白标志物

5.7 深度快速冻结减缓带鱼质地品质变化机制

冻结保存是目前全球各国广为采用的保鲜方法,可有效延长货架期,但冷冻方式不同,贮藏冻品解冻后的质地品质和口感差别较大。探寻一种可从细胞水平维持水产品鲜度的冻结方式,已成为业界科学研究的热点和难点问题。本研究对比产业常用的平板速冻方式、家庭常用的冰箱冻结处理,从微观层面观察冻结肌纤维。

不同冻结处理对肌原纤维蛋白质影响非常显著。低速缓慢的冻结或在水产品肌肉冰点附近的冻结会更加容易导致肌原纤维蛋白质的分子结构改变,使得蛋白质发生降解或凝聚。进一步分析其内在的分子机制发现,该变化主要由肌原纤维分子中肌球蛋白重链(MHC)降解引发。水产品肌肉组织切片观察结果从细胞层面佐证,液氮深度快速冻结对鱼品微观结构损伤较小,可有效维持冻结后肌肉细胞的完整性,从而有助于保持水产品肌肉质地品质。液氮深度快速冻结技术可以让水产品更快地通过最大冰晶生成带,有效防止过冷点的出现(图5.12),水产品肌肉内形成的冰晶更加细致、分布更加均匀(图5.13和图5.14)。在后续贮藏中,与缓慢冻结方式及冻结强度不高的处理样品相比,深度快速冻结技术处理样品更容易抵制因温度波动引起的冰晶增长,从而有效降低了大冰晶刺破细胞导致的水产品肌肉解冻后质地品质的劣化。研究表明,深度快速冻结可有效减缓带鱼冷冻过程中大冰晶刺破细胞导致的水产品肌肉解冻后的质地品质劣化,从而使质地品质维持在更佳状态。

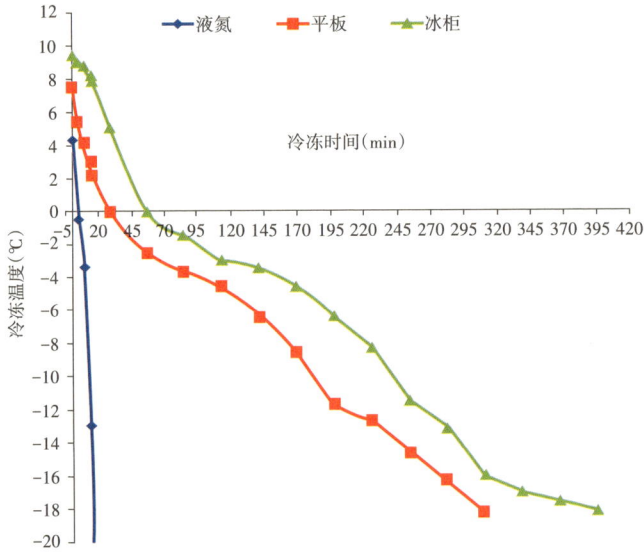

图5.12 不同冻结方式处理的冻结曲线(引自代表性论文43)

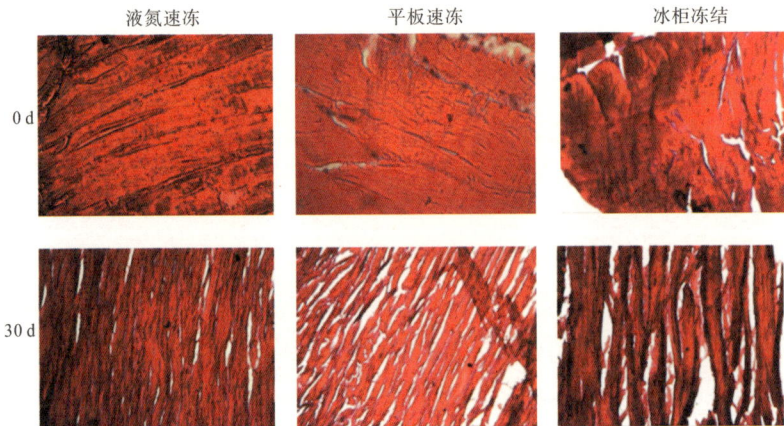

图5.13 不同冻结方式经−18℃贮藏后下肌肉微观组织结构(纵切面)的变化

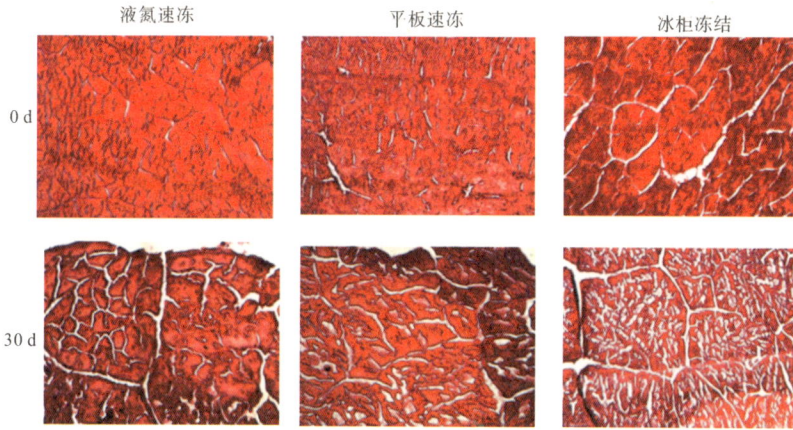

图5.14 不同冻结方式经－18℃贮藏后下肌肉微观组织结构(横切面)的变化

第6章 粮食和果蔬真菌病害发生机制与控制途径研究

生鲜食用农产品产后多发生侵染性病害,使农产品品质受到影响,且微生物侵染过程会产生有害毒素。微生物通过水解酶突破寄主细胞壁防线,且侵染过程受水活度、温度、光及其农产品自身抗性影响。本章从转录调控、转录后调控及环境因子互作效应等层面解析粮食和果蔬真菌病害发生机制和调控途径。

6.1 磷酸化修饰调控黄曲霉生长发育、次级代谢和水解酶分泌的分子机制

蛋白质磷酸化修饰是细胞信号转导的基本机制,参与调控黄曲霉菌丝侵染、生长、交配,以及菌核和孢子形成等,更重要的是调控黄曲霉毒素(AFs)合成。解析磷酸化修饰调控黄曲霉生长和产毒的分子机制,完善 AFs 合成调控网络,可为阻断 AFs 产生,研发控制技术提供靶点和线索。本研究采用基因敲除回补技术,解析 Fus3-MAPK、SakA-MAPK 和碳代谢阻遏(CCR)等通路各基因的功能,采用酵母双杂交和磷酸化特异抗体检测探究通路中各蛋白质之间的物理互作关系以及磷酸传递顺序。

研究发现,Fus3-MAPK 信号通路中 *ste50*、*ste11*、*ste7* 和 *fus3* 均可正调控黄曲霉发育和次级代谢。酵母双杂交实验表明,Ste50 为支架蛋白,Ste7 分别与 Ste11 和 Fus3 具有物理互作关系(图6.1)。Fus3 特异性磷酸抗体检测表明,磷酸传递顺序为 Ste11→Ste7→Fus3。黄曲霉中有两个 *SakA* 基因。SakA1 和 SakA2 激酶响应谷物水活度的变化,不影响黄曲霉菌丝生长,正调控菌核形成和 AFs 合成。CCR 信号通路中,*Snf1* 响应蔗糖、淀粉等复杂碳源,磷酸化 CreA 并使其出核,解除对水解酶分泌的抑制作用;Reg1/Glc7 则使 CreA 去磷酸化重

新入核,从而抑制水解酶的分泌。*snf1*和*reg1*基因正调控黄曲霉生长发育、次级代谢及其对玉米、大米等农产品的侵染能力(图6.2)。研究揭示了三个信号通路中磷酸化修饰调控黄曲霉生长发育、次级代谢和水解酶分泌的分子机制。

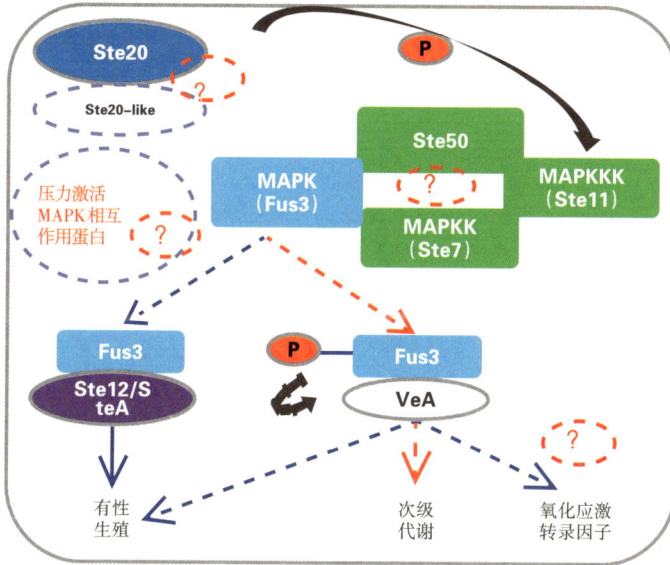

图6.1　Fus3-MAPK信号通路图

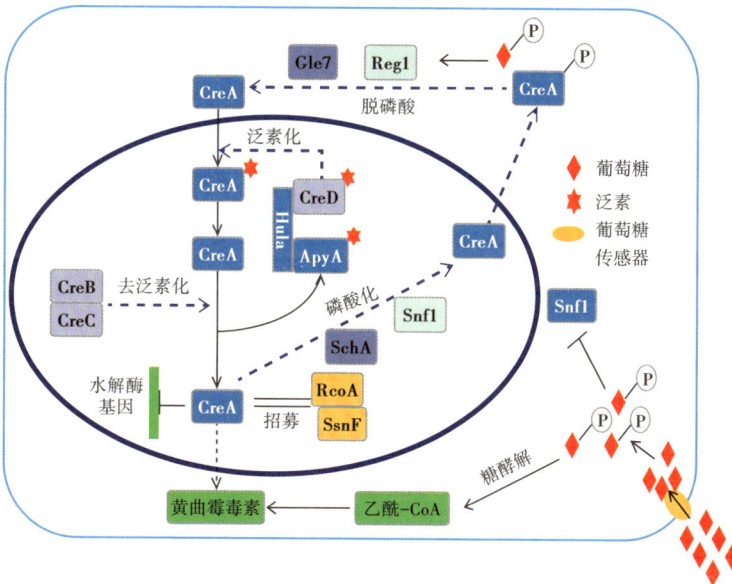

图6.2　CCR信号通路

6.2　腐败真菌糖基转移酶的催化机制

生鲜食用农产品中的糖、有机酸等物质常使其容易感染毛霉目腐生真菌。真菌能利用大多数简单碳水化合物进行自身生长代谢,将比较复杂的物质留给其他微生物去利用。在真菌代谢过程中,通常利用糖基转移酶(GT)对蛋白质、寡糖、多糖、脂质分子进行糖基化修饰,将糖基化的小分子物质作为化学防御武器来获得在微生物群体中的生存优势,并导致寄主病害的发生等。本研究利用生物信息学、分子生物学克隆和蛋白表达、生物化学及蛋白分子动力学计算机模拟等方法技术进行相关研究。

研究首次从一种丝状真菌中发现并鉴定了一种酚类糖基转移酶MhGT1。MhGT1具有广泛的底物杂泛性和专一的立体选择性,主要以UDP-葡萄糖为糖基供体,可接受以72个酚类物质为主的药物骨架化合物作为底物,进行糖基化反应,主产物产率可达到60%以上(图6.3和图6.4)。MhGT1具有截断的

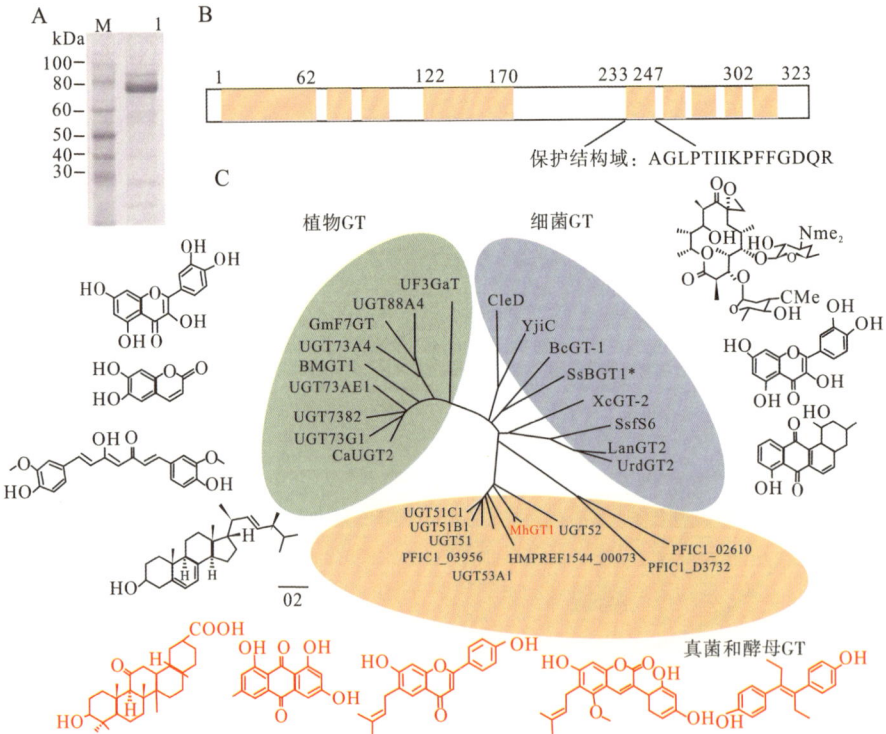

图6.3　MhGT1的发现及进化分析(引自代表性论文84)

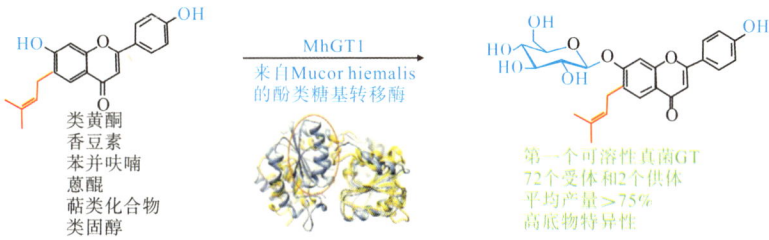

图6.4　MhGT1的催化机制（引自代表性论文84）

N端结构域,这是其底物杂泛性的原因,其活性中心的疏水和带电氨基酸残基则是其专一立体选择性的原因。该糖基转移酶影响真菌致病性。研究据此识别出更多影响生鲜食用农产品品质的糖基化化合物。该研究结果为生鲜食用农产品贮藏物流过程的腐烂损耗及品质安全控制提供了理论基础。

6.3　孢子隐秘色素生物合成基因 *PfmaE* 调控真菌生长发育的分子机制

真菌色素能够抵御紫外线、氧化胁迫等,对真菌生长及环境适应起着非常重要的作用。然而,由于真菌色素复杂的结构,色素前体以至终产物都难以被鉴定。孢子色素沉着在真菌界是很常见的,其中研究较多的是黑色素。黑色素覆盖在单细胞孢子的表面。本研究基于分子遗传、异源表达,结合天然产物化学的化合物分析、分离和鉴定技术等研究策略,探索植物内生真菌无花果拟盘多毛孢(*Pestalotiopsis fici*)中黑色素的生物合成及调控机制。

研究发现真菌孢子隐秘色素生物合成酶基因 *PfmaE* 对于分生孢子形成和发育至关重要,证实 *Pfma* 基因簇参与1,8-二羟萘(1,8-dihydroxynahthalene,DHN)类黑色素的合成,且 *PfmaG* 和 *PfmaE* 两个基因足以完成黑色素前体小柱孢酮(scytalone)的生物合成。研究表明,对于真菌而言,色素不仅能使其在受到生物学胁迫和非生物胁迫时得到保护,还对孢子结构形成和发育具有重要的作用(图6.5)。研究结果为生鲜食用农产品贮藏物流过程中的真菌感染腐烂损耗及品质安全控制提供了新的理论依据。

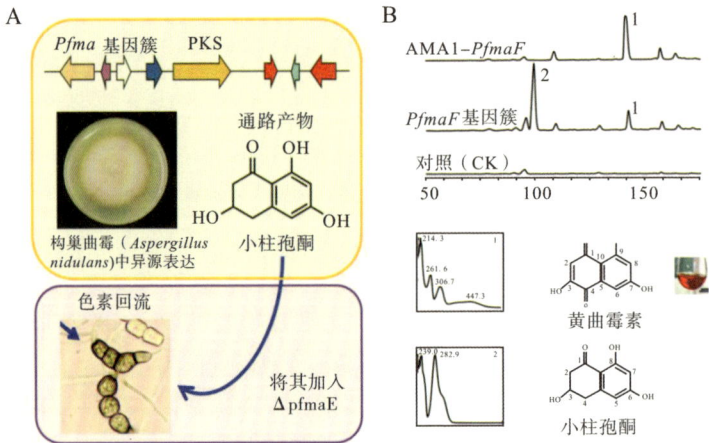

图6.5　异源表达揭示*Pfma*基因簇负责合成DHN类黑色素前体（引自代表性论文142）

A.异源表达及产物；B.HPLC分析不同异源表达突变体菌株（扫描线1：*PfmaF*异源表达产物；扫描线2：*PfmaF*基因簇异源表达产物）化合物1、2的UV特征及其NMR、LC–MS化学结构鉴定

6.4　RsdA调控真菌生长发育及次级代谢的转录机制

真菌生长发育过程中常常伴随着代谢产物的产生，该过程受到包括转录、转录后及翻译水平等严格复杂的高级调控网络控制，转录调控是其中最重要的环节之一。解析调控因子的功能及其作用机制对于揭示代谢小分子的生理生态功能，以及发现新的活性次级代谢产物和真菌侵染活动至关重要。本研究通过基因敲除和过表达、转录组分析，结合天然产物化学等研究方法，解析无花果拟盘多毛孢中新型全局调控因子RsdA对其生长发育和次级代谢产物的转录调控机制。

研究发现，在调控生长发育方面，*RsdA*缺失突变株的生长速度明显减慢，菌丝由野生型的白色变为墨黑色，孢子发育受到严重影响，孢子数量明显减少并产生非正常形态的孢子。转录组学分析发现，*RsdA*缺失突变株37.55%的基因表达量显著改变，大部分孢子发育相关基因及调控因子的表达量下调，次级代谢产物合成基因簇中21个骨架基因的表达量明显上调或下调。同时敲除*RsdA*和DHN类黑色素聚酮合酶*PfmaE*基因，发现*RsdA*负调控黑色素的生物合成，且对无性发育和代谢的调控不依赖于黑色素途径（图6.6和图6.7）。研究明确了真菌孢子发育形成和次级代谢相关的新型全局调控因子及其调控机制。

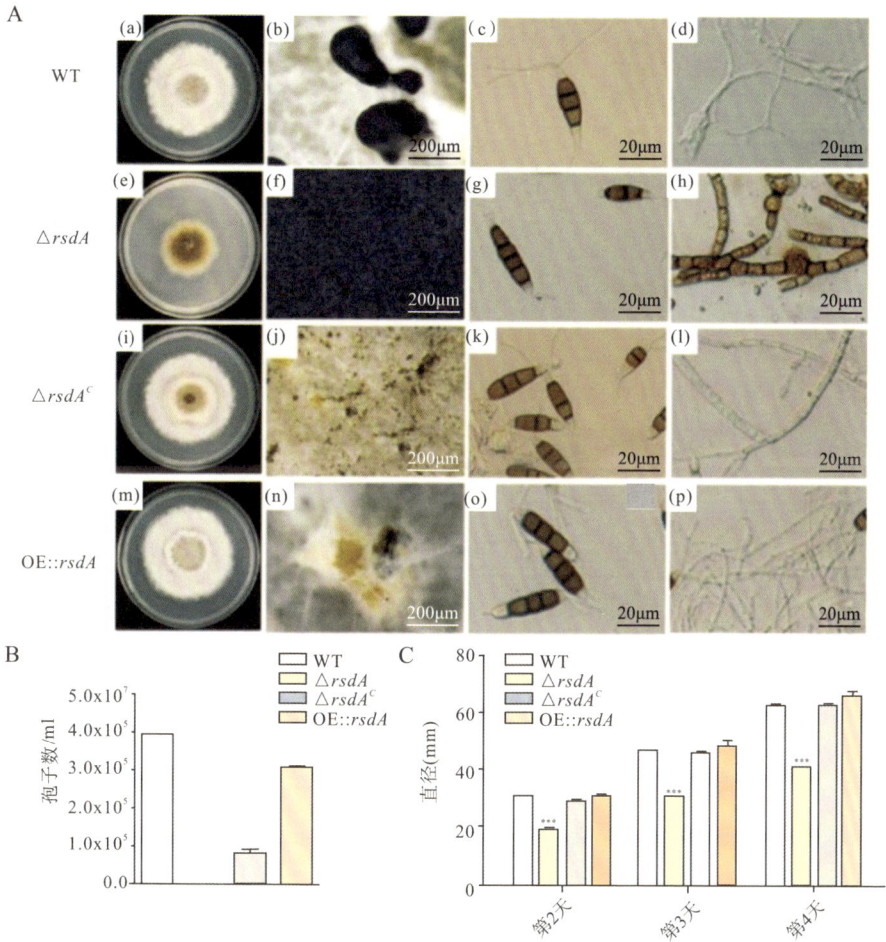

图6.6　RsdA调控 *P. fici* 的无性生殖及黑色素形成(引自代表性论文77)

A.野生型(WT)、敲除菌株(Δ*rsdA*)、回补菌株(Δ*rsdA^C*)和过表达菌株(OE∷*rsdA*)比对分析(RsdA调控 *P. fici* 的无性孢子形成和黑色素产生);B.孢子计数(敲除菌株中无性孢子产量显著下降);C.RsdA对生长速度的影响。

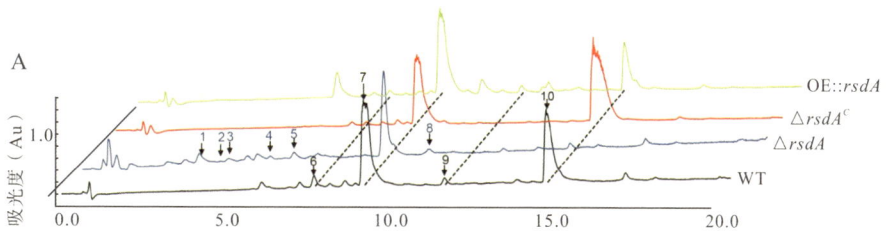

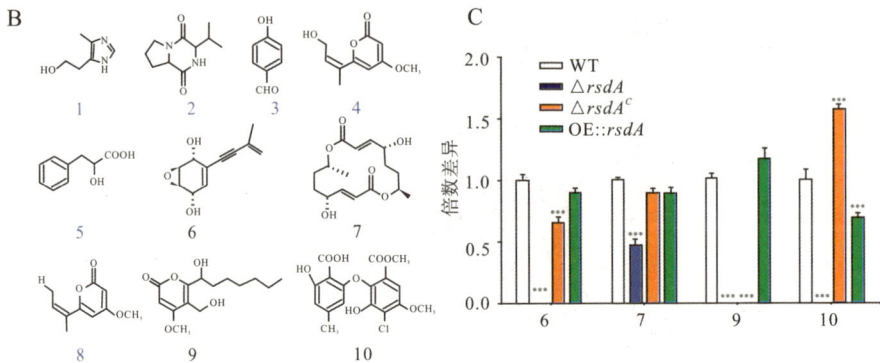

图6.7　RsdA对次级代谢产物合成的全局调控(引自代表性论文77)

A.HPLC分析不同菌株的次级代谢产物差异;B.10个主要次级代谢产物的分子结构式;C.6、7、8、9四种次级代谢产物的产量差异。***代表 $P<0.001$。

6.5　植物源防霉保鲜剂抑制黄曲霉侵染和次级代谢的转录调控机制

植物源防霉保鲜剂能够高效抑制黄曲霉菌的生长和产毒,同时具有食用安全、挥发性高、易降解等优点,是一种绿色安全的防霉保鲜剂。前期研究发现,丁香酚、肉桂醛、茉莉酸甲酯等植物提取物可高效抑制黄曲霉生长和产毒,但具体转录调控机制不清楚。本研究采用电镜观察、转录组学、荧光定量PCR、基因敲除回补等技术,解析参与肉桂醛、丁香酚和茉莉酸甲酯等植物提取物抑制黄曲霉生长和产毒的生化途径、信号通路和关键基因,构建分子调控途径。

肉桂醛、丁香酚和茉莉酸甲酯等通过脂溶性特性破坏黄曲霉细胞壁和细胞膜,破坏分生孢子壁和顶囊,导致菌丝弯曲、折叠和分叉,抑制黄曲霉生长、孢子形成和萌发。*VeA*、*FluG*等调控基因的下调导致*SrrA*、*Ap-1*、*MsnA*和*AtfB*等氧化应激相关转录因子基因表达发生改变,继而引起毒素合成基因转录水平下调,AFs合成受到显著抑制;抗氧化系统相关基因表达上调,降低胞内活性氧(ROS)水平,抑制 AFs 合成(图6.8和图6.9)。同时,研究发现一些全新转录因子也参与上述分子调控途径:葡萄糖氧化酶(GOx)-葡萄糖可通过消耗碳源,产生葡萄糖酸来降低pH,并产生过氧化氢,抑制灰霉生长及孢子萌发。研究揭示了植物源防霉保鲜剂抑制黄曲霉生长和产毒的生化途径和转录调控机制。

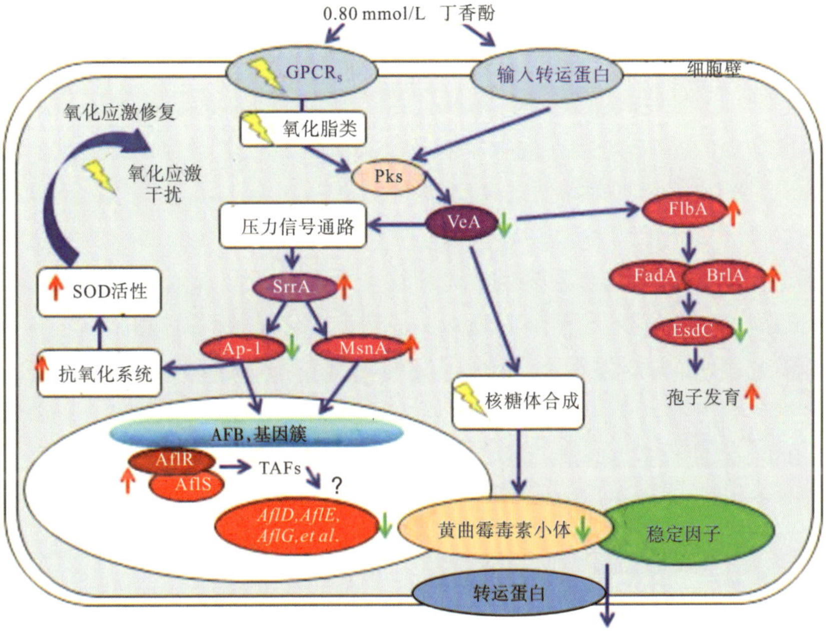

图6.8　丁香酚调控黄曲霉生长代谢分子机制(引自代表性论文86、88、90、138、141)
GPCRs为G蛋白偶联受体,PKs为蛋白激酶,VeA为基因名称。

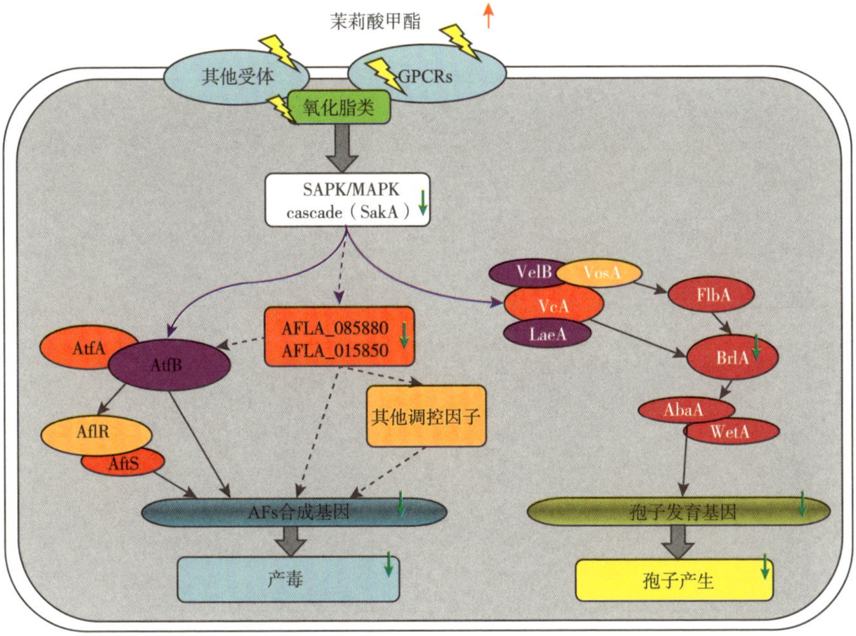

图6.9　茉莉酸甲酯(MeJA)调控黄曲霉生长代谢机制(引自代表性论文86、88、90、138、141)

6.6　水活度和温度调控稻米和玉米霉变和真菌产毒机制

稻米和玉米受黄曲霉、镰刀菌及其毒素污染的现象很普遍,严重威胁我国的粮食安全、食品安全和人民生命健康。真菌生长和毒素合成受到多种内外源因素的影响,其中温度和水活度是两个关键因素,但其具体调控机制尚不明确。本研究在实际稻谷和玉米样品上调节不同水活度(a_w),接种黄曲霉和镰刀菌,解析不同温度和水活度组合对真菌生长和产毒的影响,确定适宜的温度和a_w范围,探究不同a_w和温度对真菌生长和毒素合成基因表达的影响。

研究表明,与稻谷相比,精米上黄曲霉生长和黄曲霉毒素(AFs)合成具有更宽的温度和a_w范围。精米的黄曲霉毒素B_1(AFB$_1$)最高浓度出现在33℃和a_w0.96;黄曲霉生长的最适温度和a_w则与产毒存在差异,生长情况是37℃优于28℃、a_w0.99优于a_w0.96,产毒情况则相反(图6.10)。温度和a_w通过调控生长发育、孢子形成和AFs合成相关基因表达影响黄曲霉生长和产毒。在玉米上,温度和a_w通过调控生长发育、孢子形成和伏马菌素合成影响轮枝镰刀菌生长和产毒(图6.11)。研究表明高温和高水活度促进真菌生长,导致谷物在贮藏物流中腐败劣变,明确了贮藏物流中抑制真菌生长和次级代谢的a_w和温度质控指标(温度<25℃,a_w<0.80)。

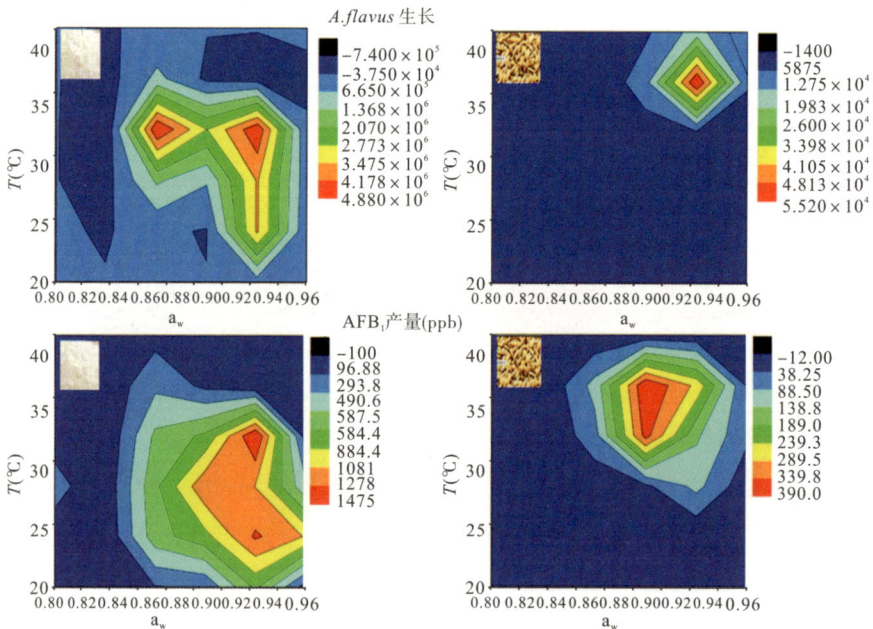

图6.10　精米和稻谷黄曲霉生长和产毒的适宜水活度和温度范围(引自代表性论文65)

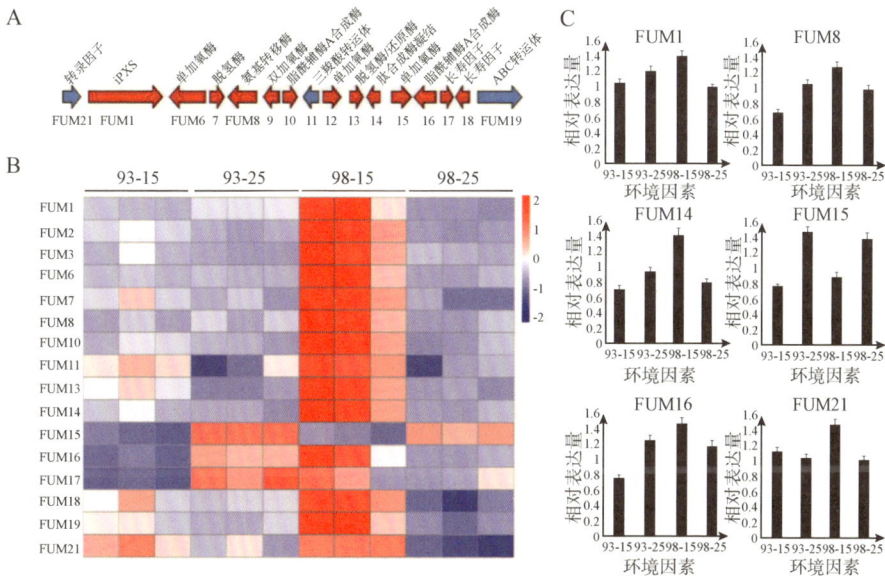

图6.11　玉米不同水活度调控轮枝镰刀菌生长和伏马菌素基因表达(引自代表性论文65)

6.7　亚洲镰刀菌蓝光受体WCC对光响应表型及致病力的调控机制

亚洲镰刀菌(*Fusarium asiaticum*)是导致我国长江中下游小麦赤霉病的主要病原菌。光是最重要的环境因子之一,解析光信号调控亚洲镰刀菌生长发育及致病力的分子机制,可为防控亚洲镰刀菌导致的谷物品质劣变提供新的思路。本研究通过蛋白比对、同源重组敲除分析亚洲镰刀菌蓝光受体(white collar complex,WCC)功能,并对蓝光受体中FaWC1的信号接收结构域(LOV)和输出结构域(ZnF)进行截短,明确蓝光受体对光响应表型及致病力的影响。

亚洲镰刀菌蓝光受体FaWC1和FaWC2共同参与紫外修复、类胡萝卜素合成,并影响有性发育中子囊壳的黑化成熟及子囊孢子的形成(图6.12A-C)。蓝光受体WCC通过影响关键酶基因*CarRA*、*CarB*表达调控类胡萝卜素的合成,影响关键光裂解酶基因*Phr1*的转录表达,进而影响紫外修复过程。FaWC1的LOV结构域在紫外修复、类胡萝卜素合成及有性发育中是不可缺少的。在致病力调控中,蓝光受体FaWC1和FaWC2不再共同参与,仅FaWC1正调控致病力,其中FaWC1的ZnF结构域是关键结构域(图6.12D)。研究揭示了亚洲镰刀菌蓝光受体WCC调控的光响应表型和对致病力的调节作用。

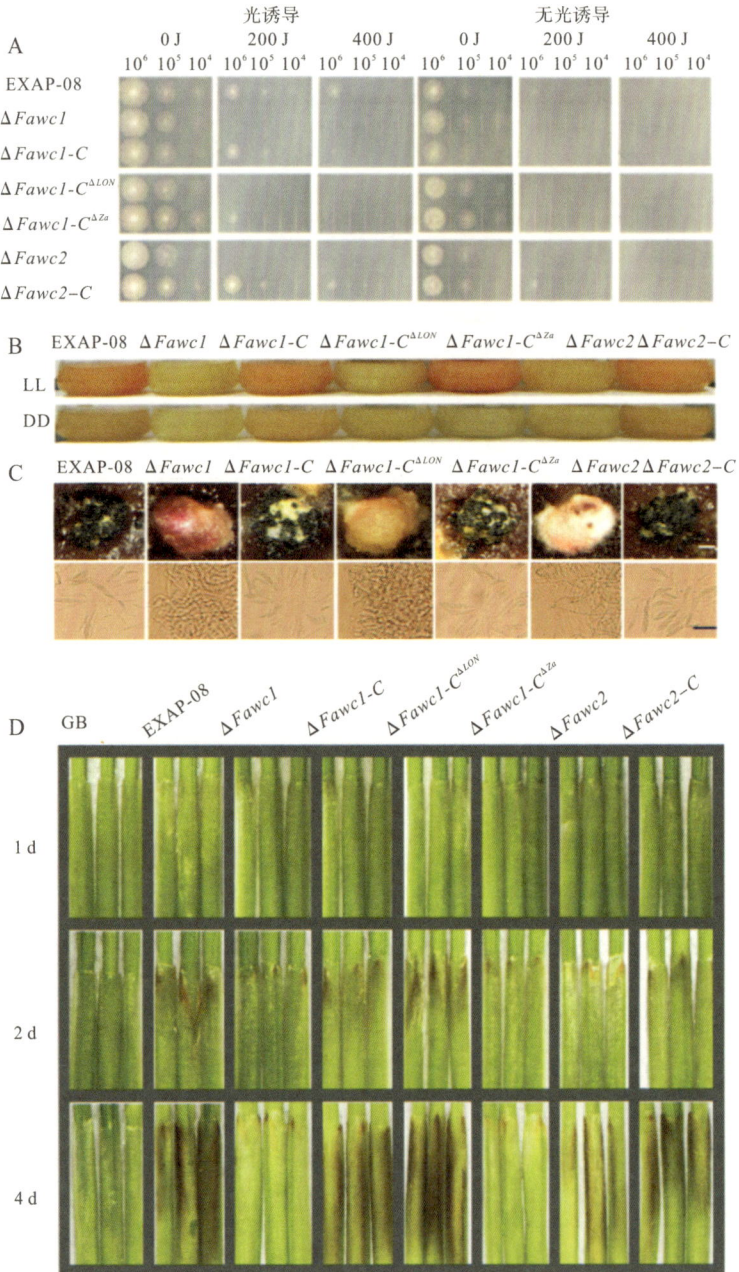

图6.12 蓝光受体WCC及FaWC1的不同结构域对紫外修复(A)、类胡萝卜素合成(B)、有性发育(C)、小麦胚芽鞘致病力(D)的影响(引自代表性论文139)

白色标尺为1 mm;黑色标尺为20 μm。

6.8 可见光调控果蔬采后病原真菌耐受UV-C的分子机制

短波紫外线(UV-C)是一种有效、清洁的果蔬保鲜方法。然而病原菌对UV-C存在一定的耐受性,研究其分子机制将对提高UV-C防治病原真菌的效率具有重要意义。本研究结合生物信息学、真菌分子遗传学与基因功能分析,以及光环境调控等方法,探索灰霉菌修复UV-C损伤关键基因的表达模式和功能,并分析UV-C控制葡萄果实采后灰霉病的最佳光环境参数。

不同光质能显著影响UV-C对病原真菌的杀菌效果。与白光和蓝光相比,黑暗和红光下UV-C的杀菌效果更显著。灰霉菌修复UV-C损伤的关键基因 *Bcphr1* 和 *Bcuve1* 受蓝光诱导表达,而在暗光或红光条件下表达受到抑制(图6.13)。蓝光受体基因 *Bcwcl1* 的敲除突变株对UV-C高度敏感;DNA修复酶基因在白光和蓝光下均以依赖 *Bcwcl1* 的方式诱导表达,并且 *Bcuve1* 和 *Bcphr1* 基因在真菌耐受UV-C损伤时具有协同作用。葡萄果实接种实验表明,UV-C(1.0 kJ/m²)照射后放置于黑暗或红光下,能够显著抑制果实腐烂劣变(图6.14)。研究揭示了在黑暗和红光下照射UV-C可显著提高果实表面杀菌效率的机制。

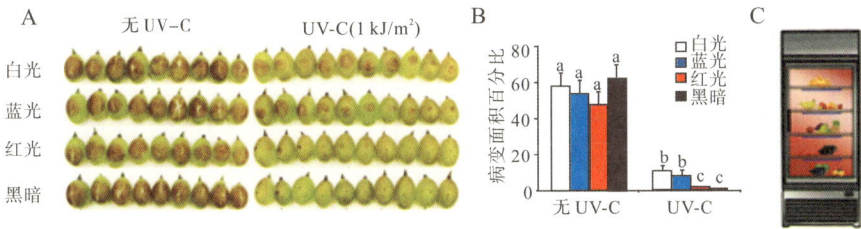

图6.13 *Bcphr1* 和 *Bcuve1* 受蓝光信号诱导表达(引自代表性论文91)

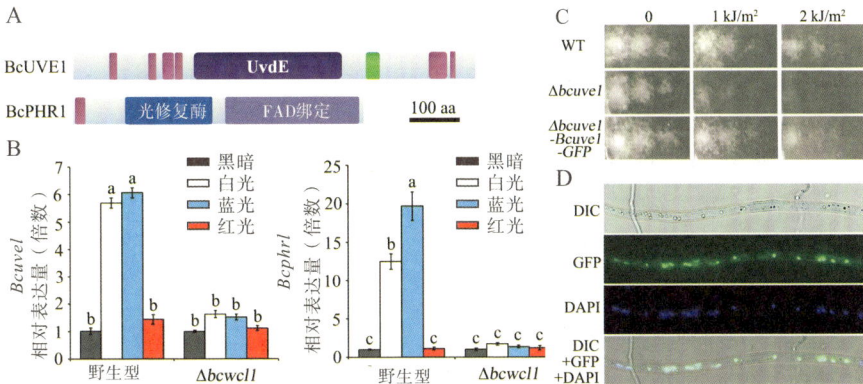

图6.14 黑暗或红光条件能增强UV-C对果实病害的防治效率(引自代表性论文93)

6.9   *SlPL*增强番茄果实采后耐贮性和抗病性机制

番茄果实软化是导致果实腐烂的重要原因,该过程需要多种酶参与。已有研究表明,抑制*PG*等酶基因表达对延缓软化无明显的效果。果胶裂解酶(PL)参与果胶裂解,促进细胞结构解体,可能是延缓番茄果实软化的重要候选基因。本研究利用番茄基因组数据库,鉴定番茄果胶裂解酶基因全家族成员;利用转基因RNAi方法对果实成熟相关的果胶裂解酶基因*SlPL*进行深入研究,通过在分子、细胞、生理生化及采后应用方面的研究明确其在控制果实软化和采后抗病中的作用。

从番茄中鉴定出22个*PL*编码基因,其中*SlPL*(*Solyc03g111690*)在果实成熟时特异表达增强且其表达受到外源乙烯的显著诱导。利用RNAi技术抑制*SlPL*的表达,导致果实硬度增加,细胞结构更加致密,果实纤维素、半纤维素含量升高,水溶性果胶、总果胶含量降低,抗氧化酶活力增强。进一步研究表明,SlPL通过抑制大量激素信号转导、细胞壁代谢及抗菌和抗氧化过程等基因的表达,增强果实采后抗失水、抗灰霉病能力的分子机制(图6.15和图6.16)。*SlPL*是有效调控果实软化和减少采后损失的重要基因。

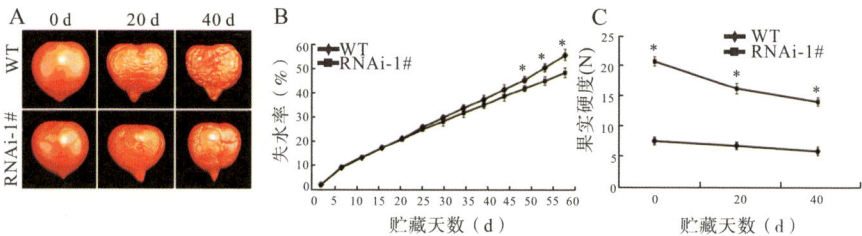

图6.15   抑制*SlPL*基因增强果实采后耐贮性(引自代表性论文21)

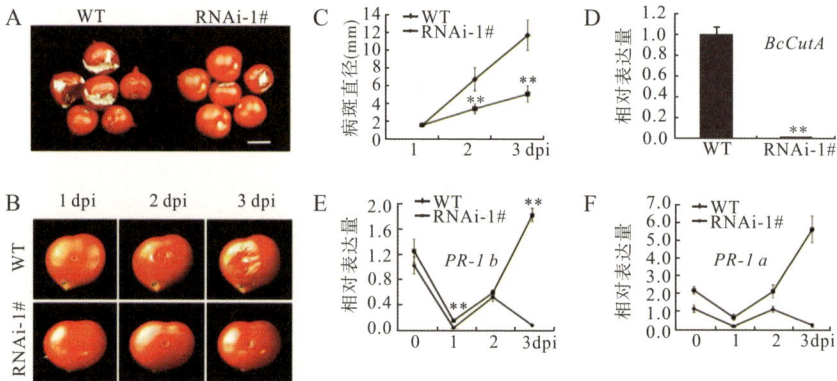

图6.16   抑制*SlPL*转基因果实失水延缓、灰霉病抗性增强(引自代表性论文21)

6.10　果实采后病原真菌的乙烯释放规律

乙烯是调控果实成熟和品质变化的重要气态激素,在果实发生病变腐烂的过程中也发挥着重要作用。病原真菌与果实都能合成并感受乙烯,然而在果实病害互作体系中乙烯的合成规律及生物学作用机制仍然不明。本研究联合气相色谱与电化学实时气体检测方法,分析果实常见的灰霉菌(*Botrytis cenerea*)、链格孢菌(*Alternaria alternata*)、肢胞炭疽菌(*Colletotrichum gloeosporioides*)、青霉菌(*Penicillium digitatum*)及镰刀菌(*Fusarium astarium*)等采后腐败真菌在体外培养过程中乙烯合成动力学规律;用转基因荧光示踪标记的灰霉菌感染果实,分析从果实病变潜育期到发病期的乙烯合成变化。

果实采后病原真菌普遍具有合成乙烯的能力。光照对真菌合成乙烯有显著促进作用。当真菌培养物从黑暗切换到光照时,乙烯产生量急剧增加(图6.17);在添加植物乙烯合成抑制剂的条件下,仍可检测到乙烯的大量合成,表明病原真菌在入侵宿主植物过程中参与了乙烯的合成。在被灰霉菌感染的番茄和葡萄果实中,可以观察到从黑暗切换到光照后乙烯产量的急剧增加,但在健康或物理伤害的果实上没有观察到乙烯的增加,表明乙烯由病原真菌产生(图6.18)。通过实时监测果实贮藏过程中病原真菌的乙烯变化规律,明确了从黑暗切换到光照时,病原真菌的乙烯合成急剧增加。

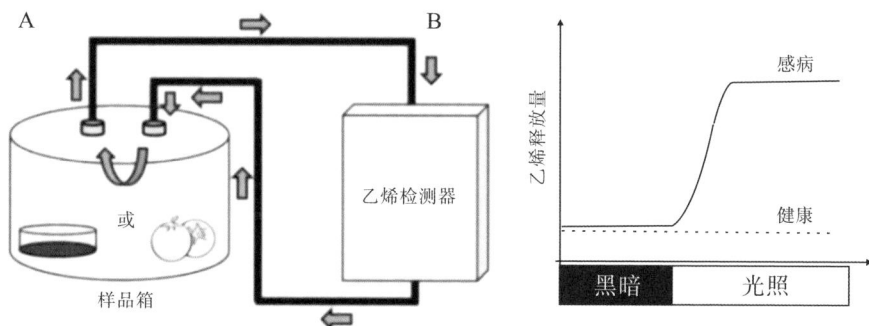

图6.17　果实病害乙烯实时检测系统与病害预警的模型(已申请发明专利202010251932.9)

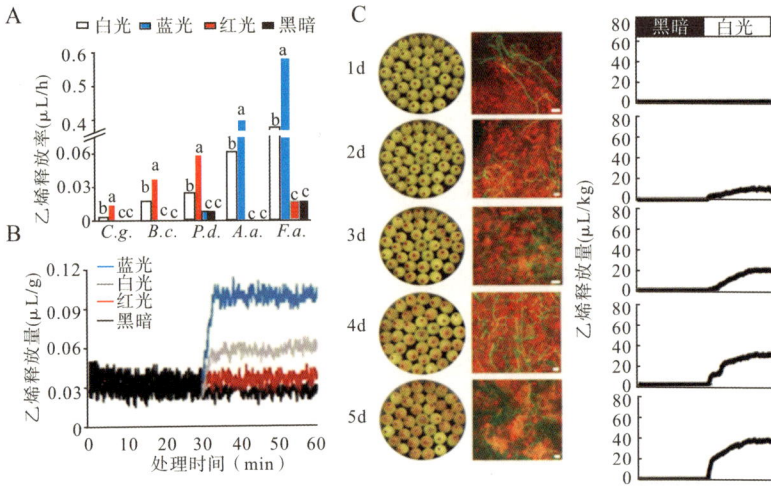

图6.18　光照能显著促进体外培养和接菌果实的病原真菌合成乙烯(引自代表性论文57)

6.11　灰霉菌黑色素生物合成关键酶的区室化分布与自毒性防御机制

DHN类黑色素是丝状真菌的一种次级代谢产物,参与真菌的抗逆性和致病性等多项生命活动。然而,目前关于黑色素生物合成途径的关键基因的亚细胞定位仍不清楚。本研究采用真菌分子遗传学、薄层层析、荧光标记结合化学染色等方法,提取黑色素中间产物小柱孢酮并分析了其对灰霉菌自身的抑制作用及其在细胞内的合成和转运方式;将参与黑色素合成途径中的关键酶与荧光蛋白融合,借助荧光显微镜观察进一步分析黑色素其他合成关键酶的亚细胞定位。

在黑色素合成缺失突变体Δbcscd1的培养滤液中会积累大量的小柱孢酮,过量的小柱孢酮积累对灰霉菌有一定的毒害作用,抑制菌核和孢子的萌发。负责合成小柱孢酮的酶BcBRN1/2定位在内涵体,并且可以逐渐转运到细胞壁;负责小柱孢酮进一步反应的酶BcSCD1在细胞壁积累(图6.19)。早期黑色素合成酶BcPKS12/13和BcYGH1定位在过氧化物酶体。本研究揭示了黑色素合成酶的亚细胞定位,表明黑色素合成酶的定位存在区室化分布,以确保酶的效率并且保护自己免受有毒中间代谢物的不利影响,为揭示丝状真菌次级代谢产物的合成机制开辟了新思路。

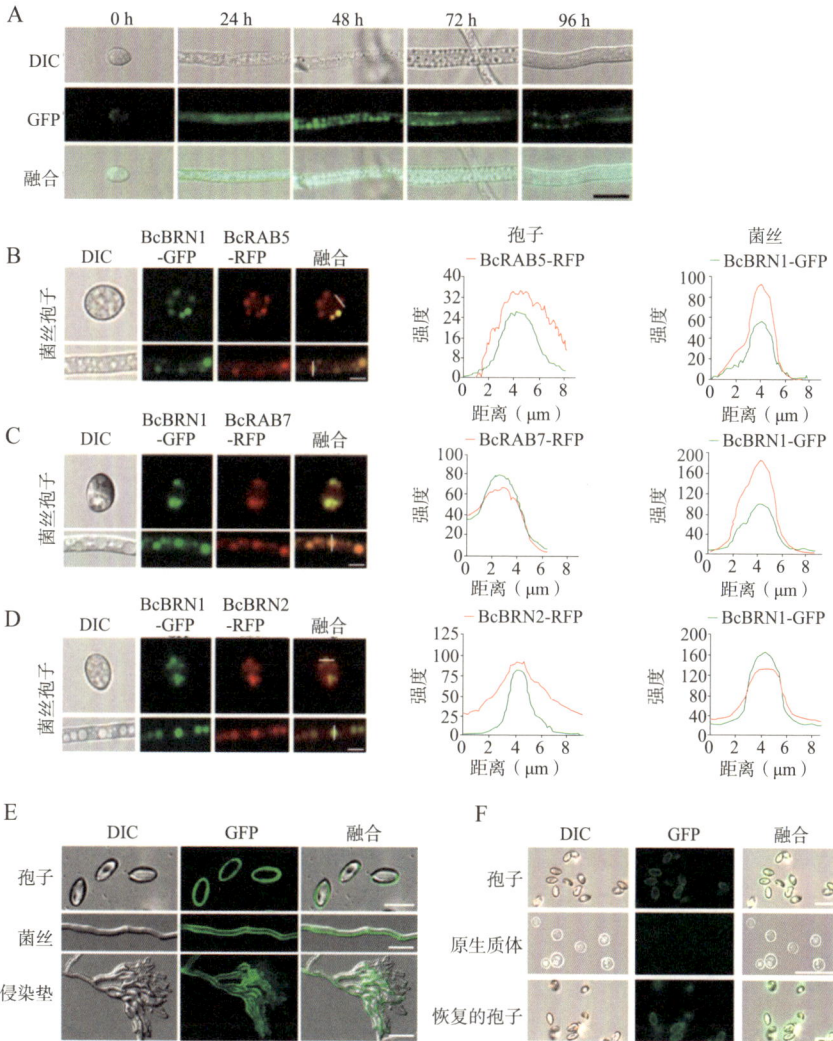

图6.19 黑色素合成酶BcBRN1/2(A–D)和BcSCD1(E–F)的亚细胞定位(引自代表性论文30)

DIC,微分干涉差显微镜。

第7章 超级冷链和蓄冷传热与生鲜食用农产品品质劣变控制研究

农产品采后、捕后的预冷、冷藏及冷链物流是保持农产品高品质、提升农产品价值的重要环节。实现绿色、环保、低碳、高品质的生鲜食用农产品保鲜,需对蓄冷传热与农产品品质劣变的耦合机制进行综合研究,涉及传热传质学、工程学、生物学等多学科的交叉融合。本章介绍蓄冷传热与生鲜食用农产品品质劣变的耦合机制、超级冷链理论与生鲜食用农产品蓄冷传热作用机制及建立的果蔬蓄冷传热性能评估和优化的热力学机制与方法。

7.1 超级冷链新概念的提出

生鲜食用农产品在贮藏、物流过程中,需要消耗大量的冷量。每年由于贮藏、物流不当造成的生鲜食用农产品损失严重,因此新型冷链理论的提出对发展生鲜食用农产品的贮藏、物流冷链有着重要作用。本研究在农产品产后冷藏保鲜中微尺度能量、质量输运机制的基础上,结合品质控制机制,利用多学科交叉研究,提出超级冷链理论。

通过建立精准的多尺度模型,准确模拟分子尺度、细胞尺度、组织尺度、个体尺度,以及整个冷链中的非稳态能量、质量输运(图7.1);在质量输运方面,重点考虑生鲜食用农产品多相的特点,以及以水为溶剂的多组分热力学体系。透彻理解具有多相特点的多组分热力学体系对食品内部细胞结构、分子活性等的影响,研究品质控制机制,发展低温系统科学,把生产、运输、销售、经济、技术等所有问题有机地结合起来,并且协调好相互之间的关系,从而将能源资源消耗、农产品品质、人才培养、制度建设等有机结合起来,从多尺度、多学科、多结构、多层次提升农产品产后贮藏物流过程中的品质保持、环境效益、经济效益等（图7.2）。研究结果为农产品节约增效,实现环境可持续发展提供了新的思路和方法。

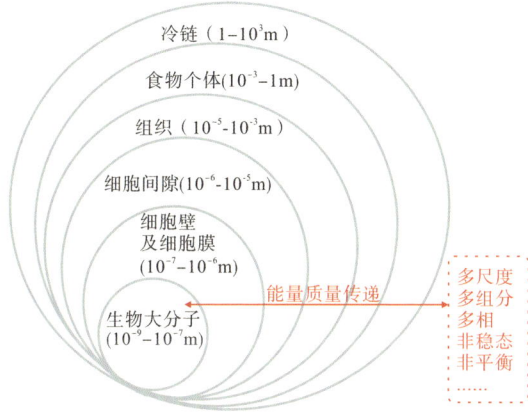

图7.1　超级冷链中的能量质量传递机制（引自代表性143&144）

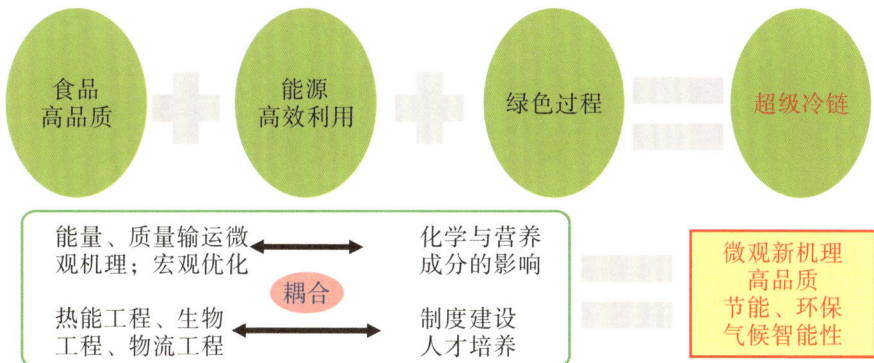

图7.2　超级冷链研究框架（引自代表性143&144）

7.2　蓄冷传热过程中温度对果蔬内部气体输运的Marangoni效应

果蔬采后保鲜的核心是抑制呼吸作用,温度和气体成分是影响采后呼吸速率的两个主要因素。解析由温差引起的Marangoni效应,对发展新型的预冷、贮藏、物流工艺,改善果蔬品质有着重要作用。本研究基于温度场与气体组分的相互影响效应,以及气体传输机制中表面张力主导的气液相互作用,构建果蔬预冷过程中的二维数学模型,采用流体体积(volume of fluid,

VOF)方法对其进行数值模拟,并通过对数值模拟结果的数据分析,获得蓄冷传热过程中温度对果蔬内部气体输运的Marangoni效应影响机制。

作为呼吸的产物,二氧化碳气泡本应从果蔬内部迁移到周围环境中。然而在预冷过程中,带着田间热的果蔬和冷却介质之间存在温差,引起表面张力梯度,CO_2气泡向外迁移受到阻碍,导致CO_2在果蔬组织内部逐渐积累。研究结果表明,低预冷温度可以增强Marangoni效应(图7.3);此外,果蔬含糖量越低,气泡处于的通道越宽,气泡直径越大,Marangoni效应越明显。由此可见,对于不同品种,甚至同一个体的不同组织,温度和气体成分的最适宜调节策略是不同的。此外,可以通过改变温度来控制气体成分,温度和气体组成的协同调节对果蔬的保鲜作用是远远大于单一因素的,不仅能保证贮藏果蔬的高品质,而且节能减排,环境友好。研究阐明了蓄冷传热过程中温度对果蔬内部气体输运的Marangoni效应。

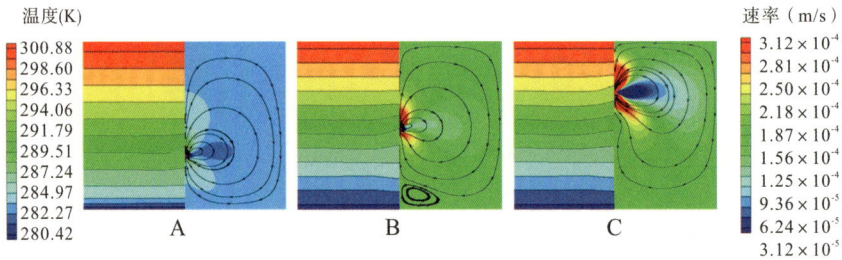

图7.3　微观Marangoni效应作用时的温度场和流场(引自代表性154)

7.3　蓄冷传热对果实软化/木质化过程多糖分布的作用机制

在果实采后软化/木质化过程中,果肉细胞壁物质含量及分布对果实的口感有着重要影响。揭示蓄冷传热对果实软化/木质化过程多糖和木质素分布的影响,将为阐明果实在采后蓄冷传热环境下质地劣变机制提供理论支撑。本研究深度挖掘在不同蓄冷传热条件下果肉中细胞壁多糖和木质素组分从单细胞到多细胞层面上的化学构成和分布的变化,分析蓄冷传热对果实软化/木质化过程多糖和木质素分布的作用机制。

一方面,寿桃果实软化研究结果显示(图7.4),在寿桃贮藏初期,果胶、半纤维素和纤维素沿细胞壁均匀分布且拉曼信号较强;软化过程中,不同多糖降解趋势相似;软化后期,多糖仅在细胞壁中间层和角隅有残余分布,但纤维素的降解程度低于其他多糖。此外,通过观察大范围细胞群的细胞壁多糖定量分布,发现了一些与果实整体软化趋势不一致的细胞。另一方面,枇杷果实木质化研究结果显示,贮藏前期,木质化细胞和维管束部位呈现较强木质素和细胞壁多糖受激拉曼散射(SRS)信号;而薄壁细胞中未检测到木质素SRS信号,并且其细胞壁多糖的SRS信号也较弱。0℃贮藏至第2天,枇杷果肉中少部分薄壁细胞间层和角隅开始积累果胶和含有更高比例的醛基结构的木质素(图7.5)。果实软化和木质化过程中不同细胞的细胞壁变化存在异质性。

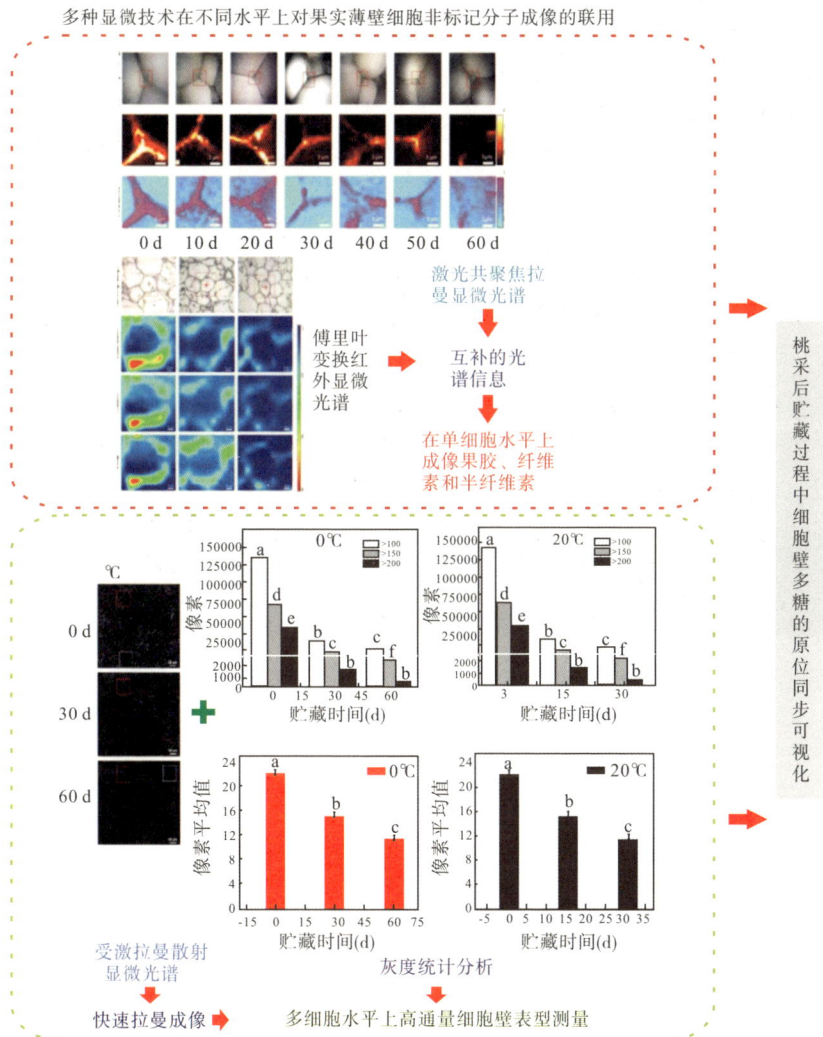

图7.4　不同温度下果胶和纤维素细胞水平分布及降解规律(引自代表性论文73&78)

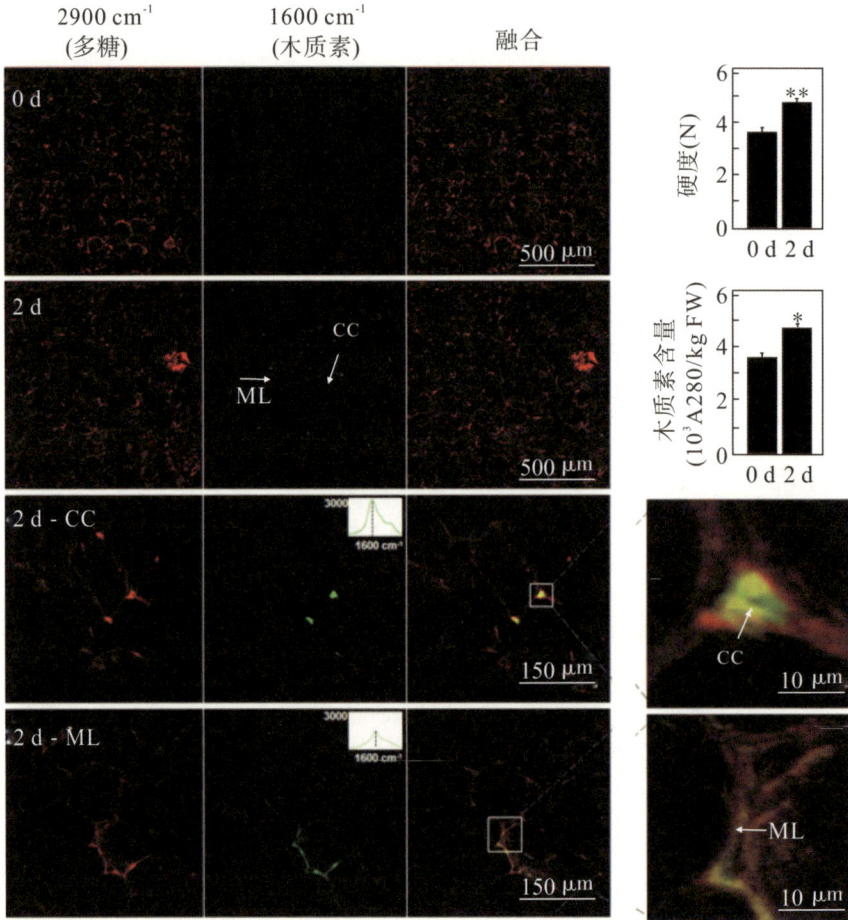

图7.5　0℃贮藏过程中枇杷果肉细胞壁多糖和木质素SRS成像（引自代表性论文73&78）

7.4　果蔬细胞壁传热的各向异性特性，预冷温度、果蔬生物特性对失水率的影响机制

在预冷、贮藏、物流过程中，由于果蔬传热的各向异性，预冷温度不均匀，不仅引起果蔬局部冷害，而且导致其能耗增加。解析果蔬传热的各向异性特性，可为果蔬预冷、贮藏、物流新方法与工艺研发提供科学依据。本研究从果蔬的细胞、组织结构出发，发展图像处理算法，重构果蔬细胞壁的纤维多孔结构，数值模拟内部微尺度的热质输运及孔隙尺度。

研究发展了三维重构算法，获得纤维细胞壁的重构三维图像，并发现果蔬内部细胞壁蓄冷传热系数与纤维分布的关联规律，以及细胞壁传热的各向异性特性(图 7.6)。研究结构表明,果蔬纤维体积百分比的增加会提高细胞壁的导热系数,揭示纤维体积百分比的不同是不同种类果蔬、果蔬内部不同部位之间产生传热差异的原因。研究还发现,果蔬孔隙大小、形状、分布以及预冷温度直接影响果蔬预冷的失水速率(图 7.7)。这些研究结果有助于揭示由微观蓄冷传热各向异性引起的果蔬品质劣变机制,从而为贮藏物流过程中的蓄冷传热方法提供优化新路径。研究揭示了果蔬细胞壁传热的各向异性特性,以及预冷温度、果蔬生物特性对失水率的影响机制。

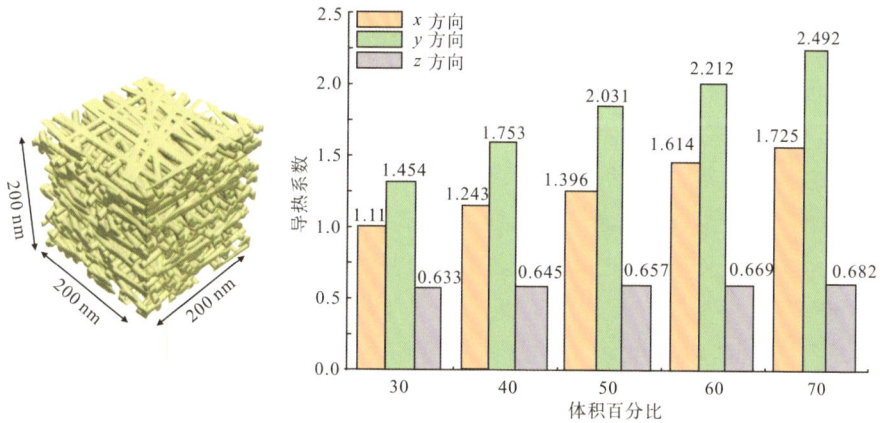

图 7.6　细胞壁重构三维图像及各向异性导热率对比

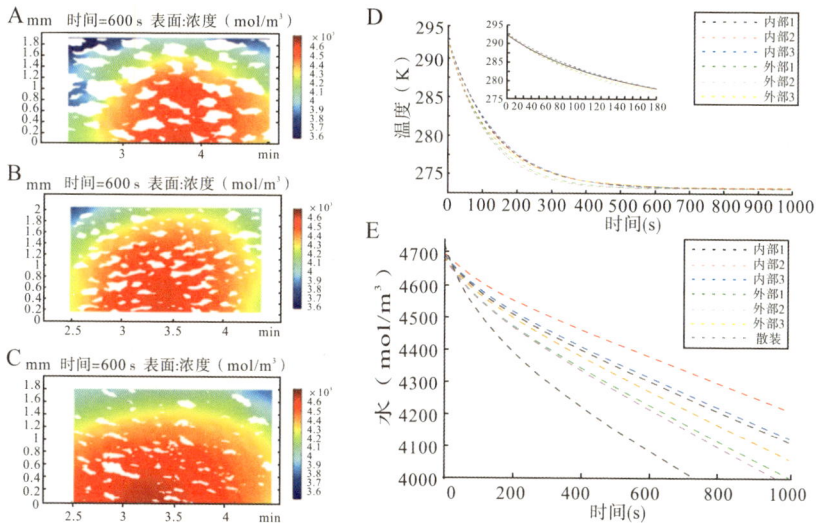

图 7.7　实验重构不同生物参数下水分布云图及温度与含水量变化曲线

7.5 低温贮藏过程中三文鱼、金枪鱼、带鱼等水产品水分迁移规律

水产品是一种富含水分的易腐农产品,在贮藏物流过程中的水分迁移直接影响其脂质氧化、蛋白质降解,因此解析低温贮藏过程中三文鱼、金枪鱼、带鱼等的水分迁移规律,对提升产品捕后贮藏物流品质有着重要意义。本研究采用低场核磁共振(LF–NMR)技术、共聚焦显微镜观察研究三文鱼、金枪鱼、带鱼等水产品在0℃和4℃低温贮藏及在模拟冷链流通过程中品质变化与水分迁移之间的关系。

研究发现,随着贮藏过程中水产品肌原纤维直径逐渐下降,三氯乙酸(TCA)可溶性蛋白含量升高,表明蛋白质发生降解;总巯基含量上升而二硫键减少,说明蛋白质氧化加剧。与此同时,原本束缚于肌原纤维之间的不易流动的结合水转变为自由水,导致表观上的汁液流失、嫩度下降等现象。研究表明,水产品脂肪酶活性、过氧化值、硫代巴比妥酸值及脂肪酸的降解氧化与水分状态变化存在一定相关性;水产品菌落总数的增加与水分弛豫时间的变化显著相关。共聚焦显微镜观察发现,贮运过程中鱼肉表面微生物逐渐增多并发生扩散,溢出的水分对微生物扩散有一定促进作用。水产品水分迁移与品质劣变关系如图7.8所示。不同低温贮运对水产品水分状态及迁移发生有直接影响,0℃更有利于水产品的品质保持。

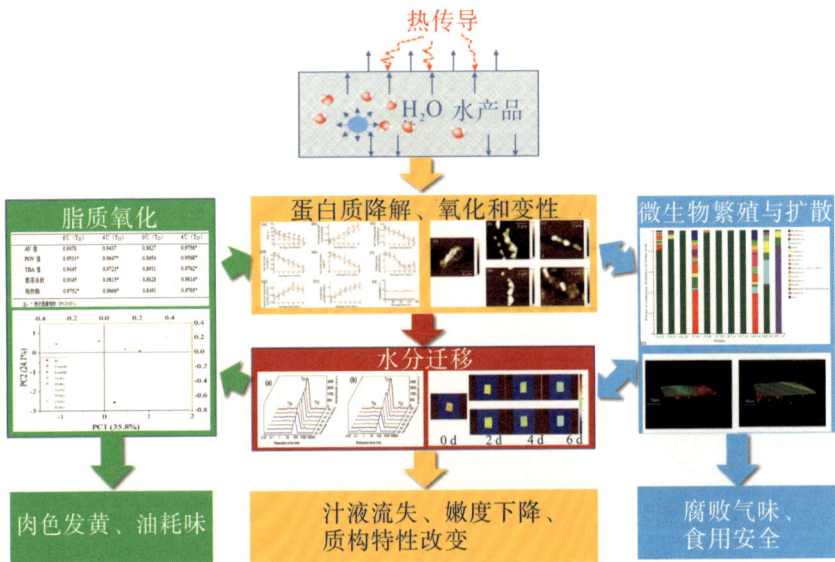

图7.8 水产品水分迁移与品质劣变关系(引自代表性论文137、147、152)

7.6　生物组织结构、内热源、果实内部水分相变特性及其与预冷环境参数耦合效应

在冷链过程中,预冷和复温过程是保障水果品质的关键步骤,其中温度和相对湿度是需要控制的主要因素。因此,果蔬采后预冷和复温过程中的传热传质耦合机制与品质管控相关性研究具有科学和产业价值。本研究考虑到不同果实的组织结构多孔性,内部固体、液体、气体的多相性,以及呼吸作用产生的内热源等生物特性,建立了对流式预冷、复温系统中果实热质传递耦合的数学模型,并通过数值模拟、数值分析与数值仿真进行研究。

在预冷过程中,如图 7.9 所示,在不同环境湿度下,相同区域的水分浓度下降趋势一致;相对湿度越高,迎风面水分浓度越高,即水分流失越少,果实品质越能得到保证。如图 7.10 所示,随着复温过程不断进行,环境相对湿度及温度对果实水分迁移的影响增大,高温高湿环境容易造成果实水分积聚。因此,可以采用梯度复温与相对湿度控制相结合来保持果蔬复温过程中的品质。建立的模型给出了预冷果实过程中局部冷害和局部失水的早期预警指示,可以定量计算出水果和蔬菜样品局部的温度和水分含量值,确定导致果实冷害和含水量下降最快的位置和阈值,从而为果蔬预冷过程、复温的传热传质可视化研究及应用提供指导。

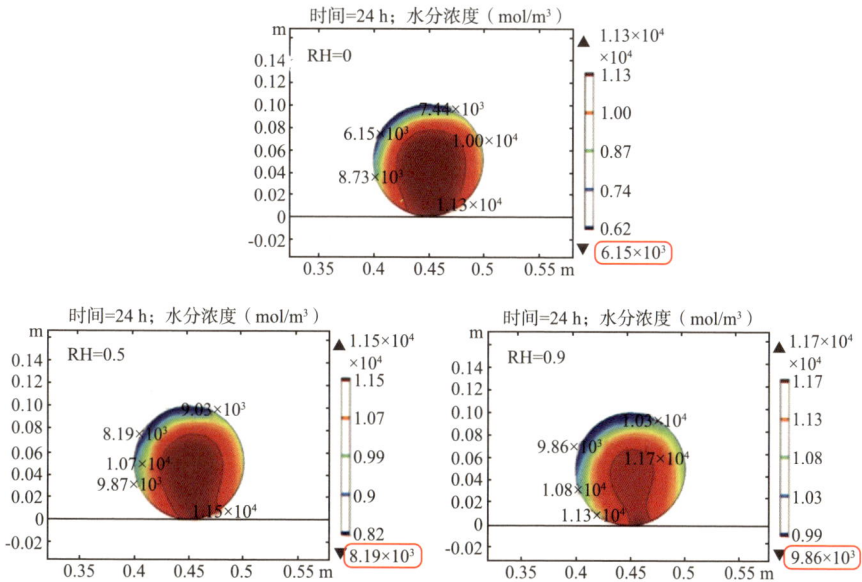

图 7.9　预冷过程水分浓度分布云图

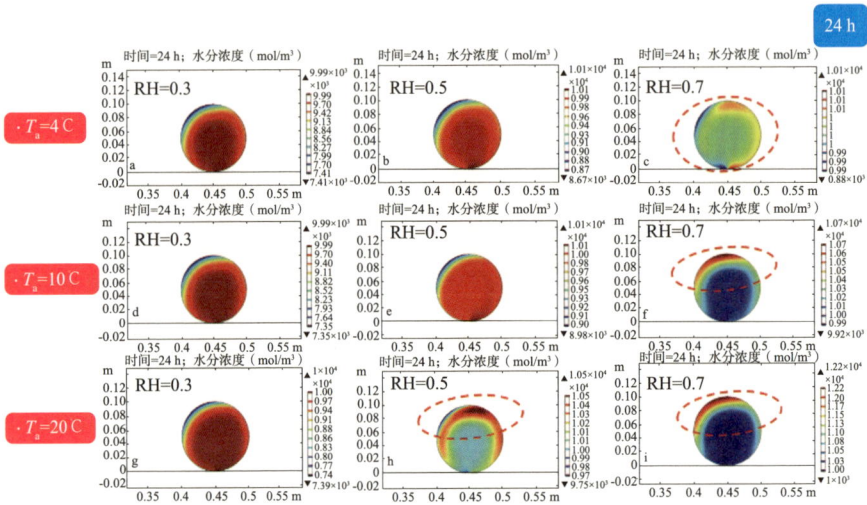

图 7.10　复温 24 h 后苹果内水分浓度分布云图

7.7　基于冷却速率、冷却均匀性及多尺度模拟等的预冷评价方法

果蔬预冷过程中的冷却速率、冷却均匀性直接影响采后预冷的品质及预冷过程中的能耗。果蔬预冷有整筐、整库的热力学过程，因此基于冷却速率、冷却均匀性及多尺度模拟等的冷却评价方法对优化预冷过程能耗、改善果蔬品质有着积极作用。本研究通过对压差预冷过程多尺度热力学系统（图 7.11）关键热力学参数的理论计算及冷库预冷过程的数学建模与 CFD 数值模拟，获得预冷过程外部环境因素与果蔬预冷品质的关联规律。

如图 7.12 所示，研究发展了冷库预冷过程的 CFD 数值模拟方法，获取了空气流速、局部平均空气龄、空气和货物温度等表观物理场分布特性，以及传热熵产率、㶲损率和火积耗散率等热力学不可逆损失分布特性，进而针对压差预冷过程，建立多尺度热力学系统，研究能耗、熵产、㶲损、火积耗散等热力学特性在不同尺度系统中的动态变化规律和主要影响因素，从而提出基于冷却速率、冷却均匀性及多尺度模拟等的冷却评价新方法。通过建立和分析多尺度热力学系统，发现增加能耗和热力学不可逆损失的主要来源，为寻求短时间、低损失、高均匀的预冷新方法优化设计奠定了坚实基础。

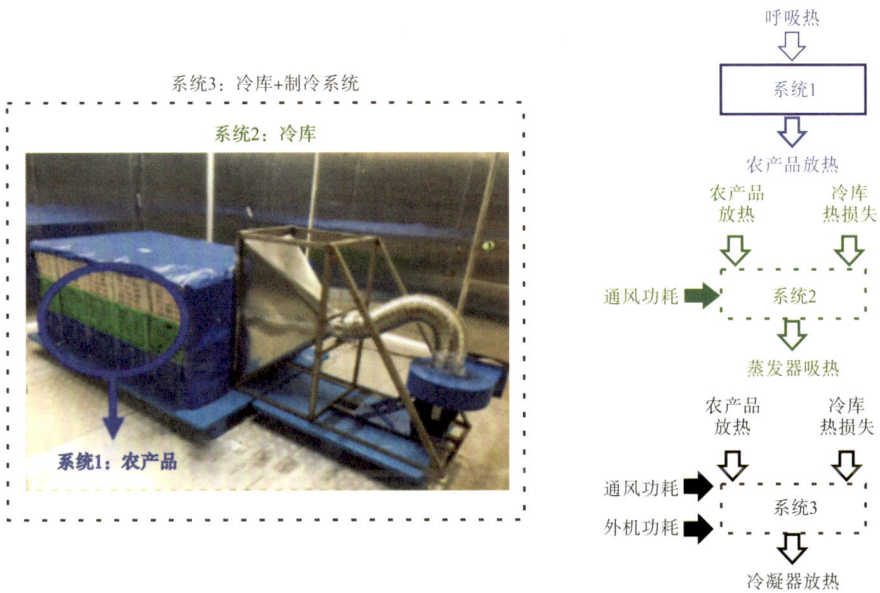

图7.11　预冷多尺度热力学系统（引自代表性论文140）

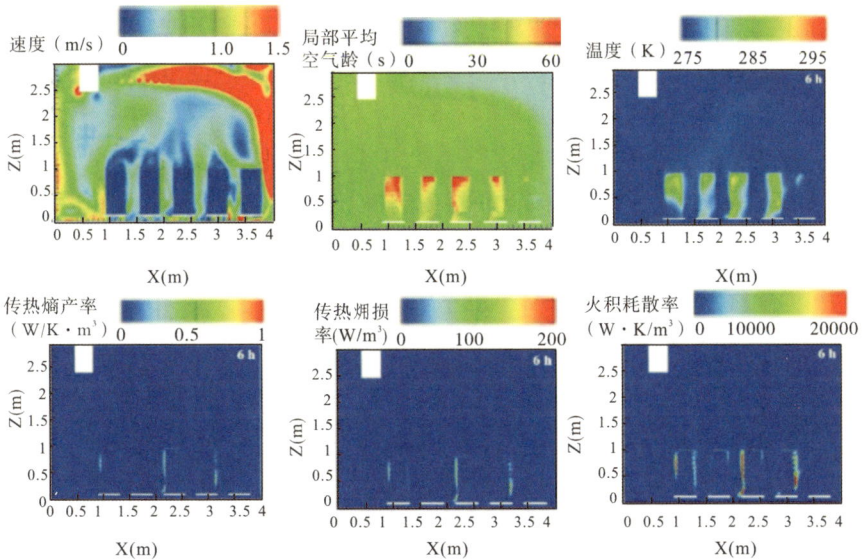

图7.12　CFD数值模拟进行热力学评价（引自代表性论文140）

7.8 预冷降温及转货架升温速度对桃果实采后品质劣变的作用机制

桃等果实采后的软化及机械损伤,是品质劣变腐损的重要表现。解析预冷、贮藏、物流过程中温度等参数对其品质劣变的作用机制,是延长销售周期、提升经济效益的关键。本研究通过对比模拟实验观测结果及数据分析,阐明贮藏物流过程中温度变化对桃果实采后品质劣变的作用机制。

研究发现快速预冷有利于维持果实贮藏品质(图7.13)。在贮藏期结束时,对照组(CK)、3 h快速预冷组和16 h慢速预冷组的果实瘀伤指数分别为32.2%、20.6%和26.7%,两个预冷组瘀伤指数均显著低于对照组。货架3 d时,对照组、3 h快速预冷组和16 h慢速预冷组桃果实的腐烂率分别是26.4%、18.1%和23.6%,3 h快速预冷组桃果实腐烂率显著低于其他两组。先对果实进行3 h快速预冷和16 h慢速预冷处理可以显著抑制桃果实后续因机械伤导致的呼吸强度和乙烯释放量的上升,延缓果实硬度下降和丙二醛(MDA)含量上升,抑制多酚氧化酶活性的增强,并维持较高的苯丙氨酸裂解酶活性。3 h快速预冷处理对于维持贮藏期间果实硬度的效果要好于16 h慢速预冷处理。同时,货架期缓慢升温有利于减缓剧烈温度波动造成的果实品质劣变(图7.14)。货架1 d时,6 h转货架和12 h转货架组的桃果实硬度分别为10.2 N和13.0 N,而对照组为6.2 N;货架3 d时,三个处理组果实硬度均下降至10 N以下。这说明6 h转货架和12 h转货架处理有利于减缓桃果实货架期硬度下降且不影响其正常软化。研究揭示快速预冷降温及货架期缓慢升温对保持桃果实品质具有积极作用。

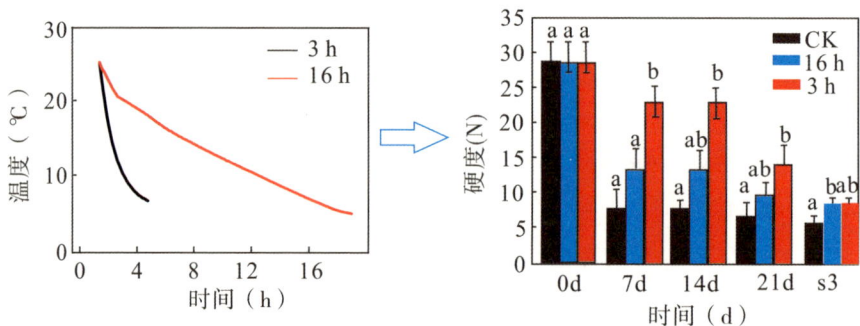

图7.13 快速预冷有利于减轻桃果实挤压机械伤和维持贮藏性

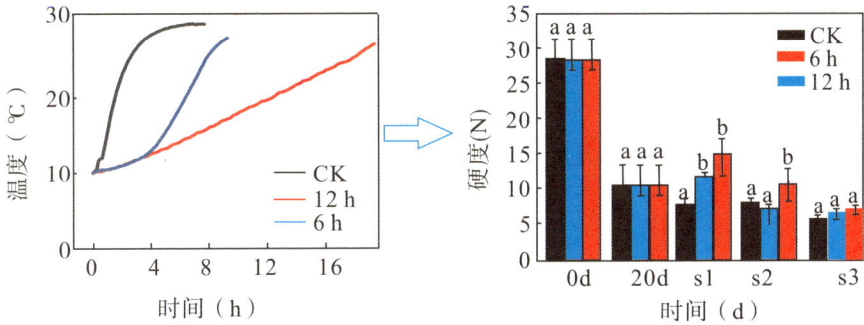

图 7.14　货架期缓慢升高果实温度有利于减缓剧烈温度波动造成的品质劣变

7.9　植物细胞中微纳空隙物质输运机制

失水对果蔬等植物类农产品采后在预冷、贮藏、物流过程中产品外观品质影响严重，从植物细胞中微纳空隙物质输运机制着手，对改进现有工艺与方法、减缓其水分流失、提升农产品品质有着积极作用。本研究针对纤维素不同晶面，构建了压力驱动与剪切流动模型，利用分子动力学模拟技术获得不同植物材料细胞中微纳空隙的水分等物质流动云图，进而通过模拟数据与理论分析获得其物质输运机制。

研究不同晶面的疏水性、粗糙度对通道中水流动的影响(图 7.15)，发现纤维素晶面基团与分子排列对表面水层密度有显著影响，并且不同壁面的流动中均有明显的滑移现象，尤其是在 3 nm 以下的狭缝中(图 7.16)。研究表明，壁面滑移速度的决定因素是驱动力，而与流速无关。研究结果充分证明，更大范围的跨壁输运及细胞质流动等微尺度传质计算应当充分考虑纤维素表面对水汽吸附性的影响。研究初步阐明植物细胞中微纳空隙物质输运机制。

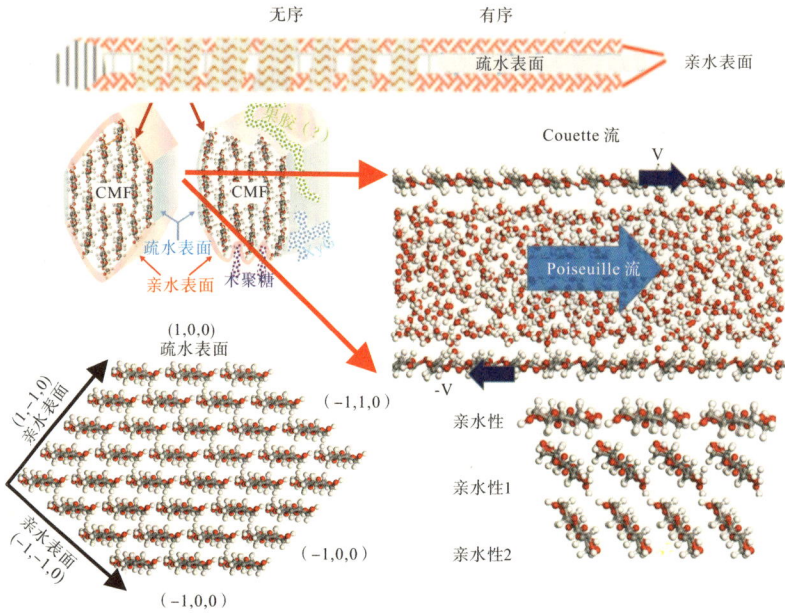

图7.15　植物细胞中微纳尺度下水分流动的分子动力学模型

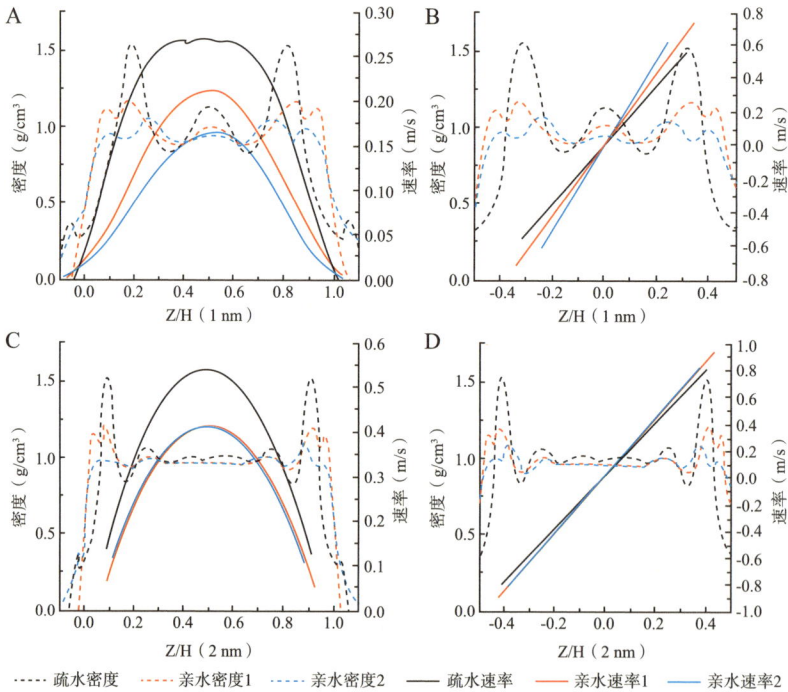

----- 疏水密度　----- 亲水密度1　----- 亲水密度2　—— 疏水速率　—— 亲水速率1　—— 亲水速率2

图7.16　不同材料的滑移速度分布图

Z是位置,H是通道高度,Z/H是指截面无量纲的相对位置。

7.10　变物性格子–玻尔兹曼通量求解器算法与相变传热算法

能源工程领域常见伴随物性变化的低马赫数流动与传热问题,而且流体物性变化是影响相变蓄冷特性的重要因素之一。采用常物性系数不能准确反映相变蓄冷传热过程的特性,会使热管蓄冷传热的设计应用存在很大的误差。本研究结合格子–玻尔兹曼方法用于处理相变传热等强非线性流动问题的独特优势与有限体积法在使用非均匀网格方面的灵活性,提出一种变物性格子–玻尔兹曼通量求解器(VPLBFS),并进行数值模拟。

研究就流体物性变化引起的变物性效应(NOB效应),开展了数值模拟和理论分析。采用VPLBFS模拟了套管式换热器内的流动和传热过程,论证了流体物性变化对流动稳定性的重要影响,以及传热速度与流动结构之间的密切联系,从而揭示了流体物性变化影响传热性能的机制。图7.17给出了平均导热系数的时间演化。随着温差的增大,物性变化幅度增大。流体物性的变化通常对传热是有利的,即:常物性解低估了真实的传热性能。研究揭示了NOB效应对流动稳定性及热输运特性的重要影响,为有效利用NOB效应、优化热管冰蓄冷系统的结构设计和运行环境奠定了理论基础。

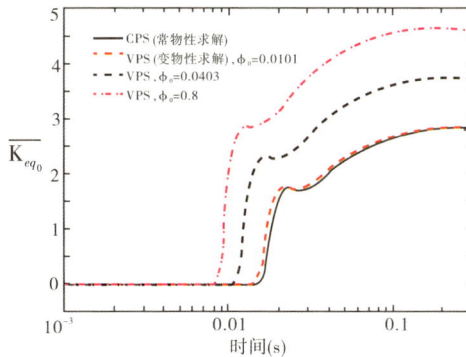

图 7.17　平均导热系数的时间演化(引自代表性论文 135)

7.11　变物性等对热管蓄冷传热的作用机制

热管冰蓄冷的冷藏方案,不仅可以节省巨大的电力和运行成本,而且可以常年保持相对恒定的贮藏温度,尤其在我国北方地区(包括陕西、宁夏、甘肃、河北、内蒙古、新疆)有着广泛的应用前景。本研究通过数值模拟的方法阐明材料变物性对蓄冷传热的影响机制,通过实验观测对比和数值分析进一步明确热管跨季节蓄冷的作用机制及流体工质变物性对热管蓄冷传热的影响规律。

　　由于热管冷凝后回流工质的流动方向是自上而下的,在回流过程中,工质优先吸收上部的热量,所以上部的换热量较大。热管的底部会因为重力原因聚集一些液体工质,导致底部换热量较小。并且,由于冰的密度小于水的密度,冰柱边缘形成的冰晶可能会上移,使得上部的直径较大,因此在热管冰蓄冷过程中冰呈现的形状是倒圆台形。研究首次发现热物性变化对液-固界面的形态有显著影响,尤其水的密度变化对冰的形态及结冰速率有显著影响(图7.18),因此调控水的初始温度及在水中加入纳米颗粒能显著影响其流动特性和蓄冷性能。基于流体物性变化对热输运过程的影响,研究揭示了流体物性变化引起的NOB效应及其对流动稳定性和能量输运特性的重要影响:在温差较小的条件下,流体物性的变化对流动结构的影响并不明显;在无量纲温差达到0.2时,变物性解中的流动结构与常物性解间存在显著性差异;当无量纲温差增大到0.7时,涡的数量明显减少。材料的平均导热系数与无量纲温差之间满足分段标度率函数关系。当物性变化导致涡的数量增加时,平均导热系数突然增大;当涡数量减少时,平均导热系数突然减少。研究结果表明流体材料变物性等对热管性能有着显著影响,为调配功能型蓄冷工质、优化储冰室的几何结构和重力热管的空间布置奠定重要基础。

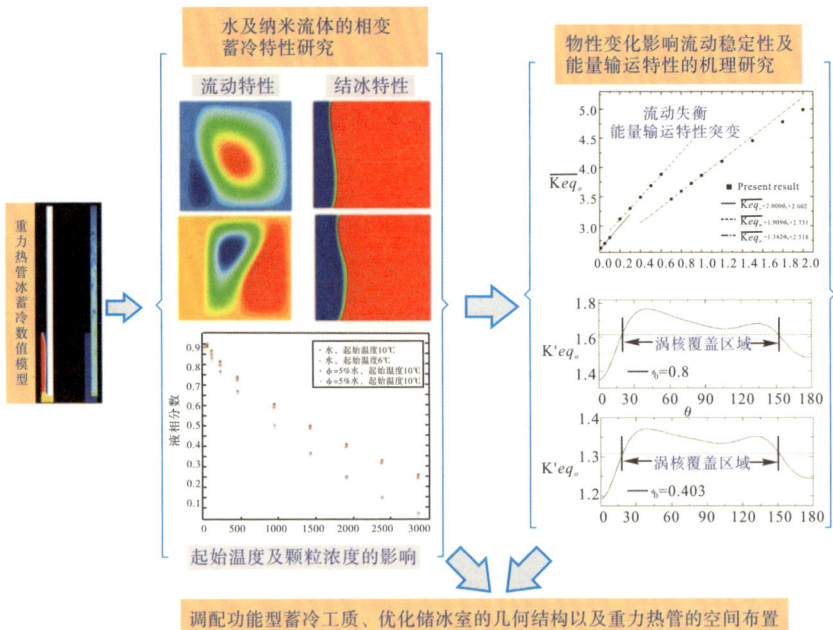

图7.18　变物性材料对重力热管蓄冷传热及流动不稳定性的影响规律(引自代表性论文134&146)

7.12　重力热管跨季节蓄冷作用机制

重力热管具有单向导热、结构简单的特点,大型重力热管的跨季节蓄冷传热对生鲜食用农产品低耗、绿色冷链贮藏物流有着重要意义。本研究以铝-氨重力热管为主要工作部件,建立了跨季节冰蓄冷及恒温贮藏实验台;通过连续三年跨季节的定量可视化观察及测量,获得了冰的形态演化、蓄冰室和储物室内各点温度的变化规律;从热管的工作机制及冰/水的物性等角度对结冰过程进行了理论分析。

在跨季节结冰初期,大型重力热管冰柱内温度波动范围较小;结冰形成后,冰柱内的温度受气温的波动影响较大。整个蓄冰期内,储物室的温度变化范围为−1.5~2.5℃,适合果蔬产品的存储。单根直径为 25 mm、长为 2.5 m 的热管的潜热蓄冷量可达 54 MJ。如图 7.19 所示,我们从蓄冷系统的传热过程出发,建立并优化了相关数学模型。优化后的理论蓄冷量与实验的最大误差为 5.5%。通过理论计算,设计了基于热管的千吨级恒温冷藏方案。通过成本效益比分析可知,相对于同等量级的传统电制冷冷库而言,一个基于热管的千吨级恒温冷藏库的初始投资成本虽然较高,但后期维护及运行成

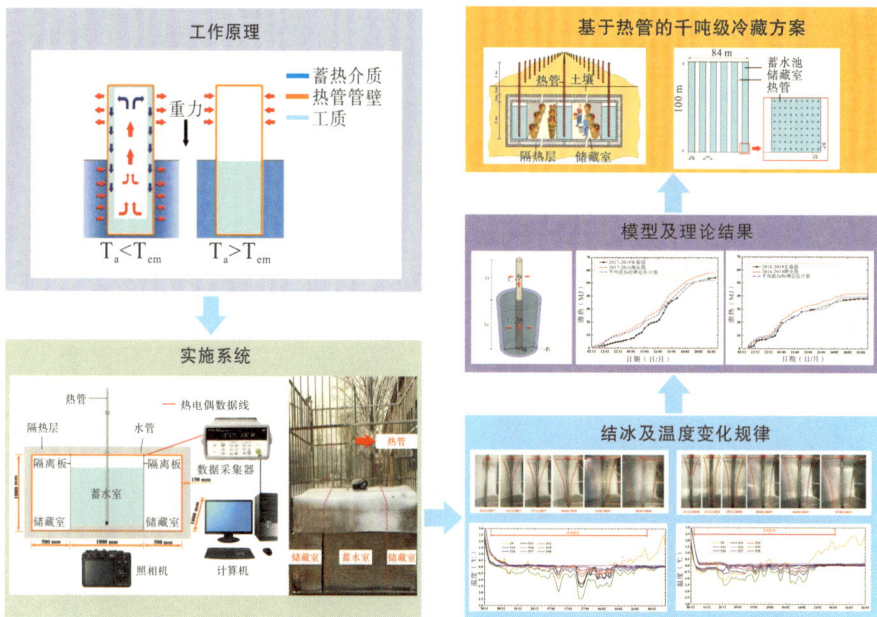

图 7.19　重力热管跨季节蓄冷传热实验图(引自代表性论文 7)

本极低,每年可有效减少4万美元的电量消耗,同时减少320吨的二氧化碳排放量,投入使用后将为节能减排做出较大贡献。实验与理论验证,对于我国北方地区,大型重力热管跨季节蓄冷用于生鲜食用农产品贮藏物流的可行性高,且节能、减排,经济效果显著。

7.13 粮堆结露过程质热传递规律

粮食在贮藏过程中,因粮堆温差的存在,粮堆内部水分和热量转移,从而引发局部结露,使得局部水分含量升高,严重时粮堆会发生板结和霉变。本研究通过模拟实仓贮藏时因粮堆内部温度不一致导致的粮堆局部结露现象,将粮食放于不同温差下密闭贮藏,分析其水分迁移特点及温度变化规律。将粮食置于100 cm高的实验模拟仓内,装粮高度为90 cm,粮堆表层与仓顶存在10 cm的间隙空间,以模拟实际储粮中粮层表面与仓顶的间隙空间;同时对实验模拟仓两侧各施加低温和高温以产生温度差,用来模拟外界环境温度与粮堆的温度差。

温度差使仓内粮堆内部发生质热传递,热量从高温壁面传递到低温壁面。粮堆内部及上部空间的气体流动存在一个闭合环路,即热气流从粮堆内部靠近热壁的部位上升,同时带动水分子上升,到达上部空间后向冷壁扩散,而粮堆内部靠近冷壁的气流由于温度低,密度大,做下沉运动,形成气体环流。气体环流顺序:粮堆上层高温部位→上层低温部位→下层低温部位→下层高温部位。该气体流动循环带动了水分子的转移,从粮堆上层高温部位转移的水分子在粮堆上层低温部位遇冷结露,即结露部位均位于与冷壁接触的粮层表面(图7.20和图7.21)。研究揭示了粮堆温差引起的质热传递规律及结露原因。

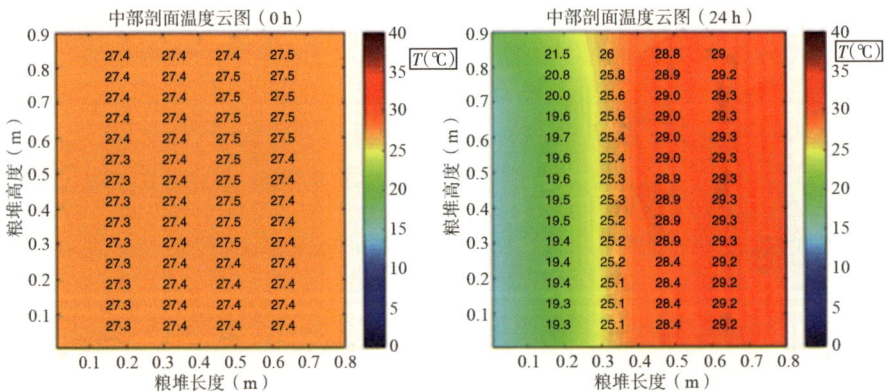

中部剖面温度云图(0 h)　　　　　中部剖面温度云图(24 h)

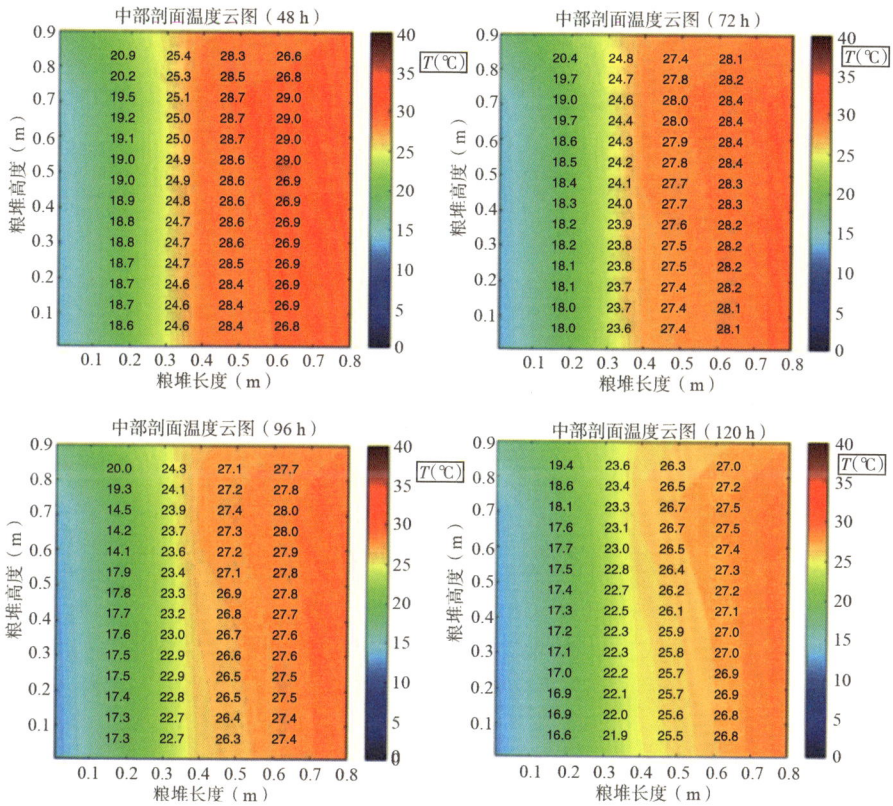

图7.20　面–面温差导致的温度变化（引自代表性论文156&158）

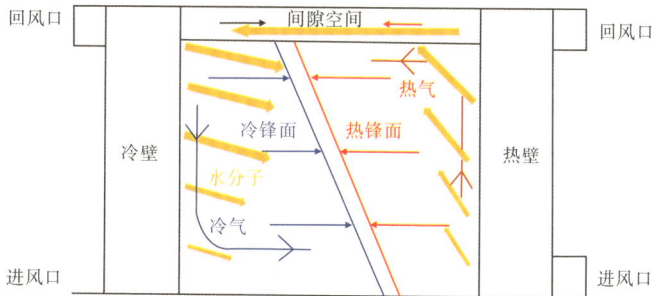

图7.21　面–面温差导致的水分转移示意（引自代表性论文156&158）

7.14　宏观粮堆热、湿、水理论模型和微观粮粒湿热传递模型

我国储粮具有地域广、周期长、品种多等特点,目前主要依靠经验定性分析与预判储粮状态与变化。如何从定性化人防过渡到定量化技防,从而

实现储粮安全,是粮食贮藏基础理论研究的重点和难点。本研究通过采取理论分析和数值模拟、实验验证和实仓校正等方法,从粮粒内部的呼吸作用和解析吸附作用着眼,依据微观粮粒热湿扩散的原理,建立微观粮粒热湿传递模型,补充和完善宏观粮堆热、湿、水理论,构建跨尺度生物多孔介质热质传递理论模型。

1)微观粮粒热湿传递模型

(1)能量方程

$$(\rho_g c_g)\frac{\partial T_g}{\partial t} = k_g\left(\frac{\partial^2 T_g}{\partial x^2} + \frac{\partial^2 T_g}{\partial y^2} + \frac{\partial^2 T_g}{\partial z^2}\right) + \rho_g Q_{fg}\frac{1}{1+M}\frac{\partial M}{\partial t}$$

(2)水分方程

$$\frac{\partial M}{\partial t} = D_g\left(\frac{\partial^2 M}{\partial x^2} + \frac{\partial^2 M}{\partial y^2} + \frac{\partial^2 M}{\partial z^2}\right)$$

其中:ρ_g 是粮堆密度(kg/m³);c_g 是粮堆比热容[J/(kg·℃)];T 为温度(℃);t 为时间(s);k 为导热系数[W/(m·℃)];Q_{fg} 为潜热(J/kg);M 为湿基水分;x、y、z 为坐标。

2)宏观粮堆微气流流动及热湿水理论模型

(1)质量守恒方程

$$\frac{\partial \rho_i}{\partial t} + \frac{\partial(\rho_i u_j)}{\partial x_j} = 0$$

(2)动量守恒方程

$$\rho_{air}\frac{\partial u_i}{\partial t} = -\frac{\phi\mu u_i}{K} - \frac{\partial p}{\partial x_i} + \delta_{ij}\rho_{air}g\beta(T - T_0)$$

(3)能量守恒方程

$$(\rho_{bulk}C_{bulk})\frac{\partial T}{\partial t} + (\rho_{air}C_{air})u_j\frac{\partial T}{\partial x_j} = \frac{\partial}{\partial x_j}\left[k_{bulk}\frac{\partial T}{\partial x_j}\right] + \rho_{bulk}h_{fg}\frac{\partial W_g}{\partial t} + \rho_{bulk}q_h Y_{CO_2}$$

(4)水分守恒方程

$$\rho_{bulk}\frac{\partial W_g}{\partial t} + u_j\left(\frac{\sigma}{R_v T}\right)\frac{\partial W_g}{\partial x_j} = \frac{\partial}{\partial x_j}\left(D_M\frac{\partial W_g}{\partial x_j}\right) + \frac{\partial}{\partial x_j}\left(D_T\frac{\partial T}{\partial x_j}\right) - u_j\left(\frac{\omega}{R_v T}\right)\frac{\partial T}{\partial x_j} + \rho_{bulk}q_w Y_{H_2O}$$

式中,t 为时间(s);K 为渗透率;p 为压力(Pa);u_j 为张量形式的达西速度(表观速度);x_j 为坐标;δ_{ij} 狄利克拉函数;μ 为空气动力黏度;T 为粮堆绝对温度(K);T_0 为参考温度(K);ρ_0 为温度为 T_0 时空气的密度(kg/m³);β 为空气的体积膨胀系数,$\beta = -\dfrac{1}{\rho_{ref}}\left(\dfrac{\partial p}{\partial T}\right)_p$;$\rho_{air}$和$\rho_{bulk}$分别是空气密度和粮堆密度(kg/m³);$C_{air}$和$C_{bulk}$分别是空气比热容和粮堆比热容[J/(kg·K)];W_g为粮堆干基水分;μ为谷物吸附或解吸湿热;Y_{H_2O}是粮堆呼吸24 h释放的水分;Y_{CO_2}是粮堆呼吸24 h的CO_2释放率;q_h是呼吸过程放热量;q_w是呼吸过程产生的水分量。基于温度梯度的水蒸气扩散系数$D_T = D_{eff}\omega$,基于水分梯度的水蒸气扩散系数$D_M = D_{eff}\sigma$,σ是一定温度下水分含量改变引起的分压变化量,ω是一定水分含量下温度改变引起的分压变化量,水蒸气在粮堆中的有效扩散系数$D_{eff} = \dfrac{D_v\varepsilon}{\tau R_v}$,$\tau$是迂曲度,$\varepsilon$是孔隙率,$R_v$是气体常数;水蒸气扩散系数$D_v = \dfrac{9.1\times10^{-9}\cdot(T)^{2.5}}{(T+245.18)}$。

　　模型中的参数矩阵反映了粮粒和粮堆各向异性的特点。基于环境因子的周期变化规律和仓储设施结构热特性,模拟粮堆中的热、湿、水分布和迁移机制,并结合粮堆内生物场演变与热湿等物理场的协同机制,预测粮堆结露、局部发热、黄变及霉变等隐患发生的空间位置和时间,从而为储粮安全奠定理论基础(图7.22和图7.23)。研究构建了不同尺度的数学模型,可更真实地反映储粮状态,从而实现储粮过程的精准调控。

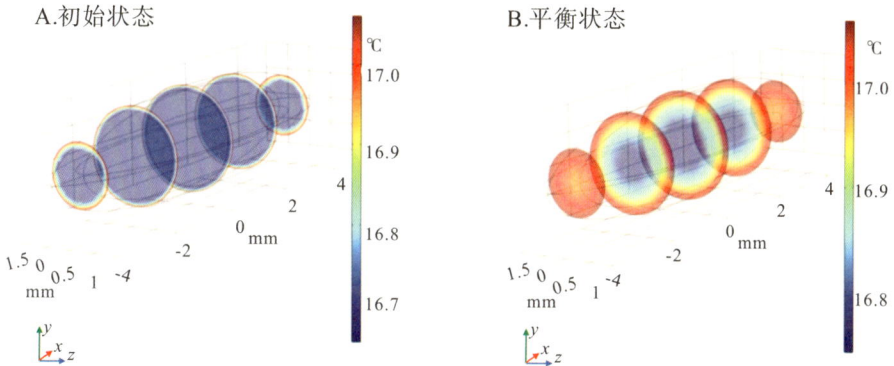

图7.22　微观粮粒热湿传递模拟结果(温度场)(引自代表性论文153&155)

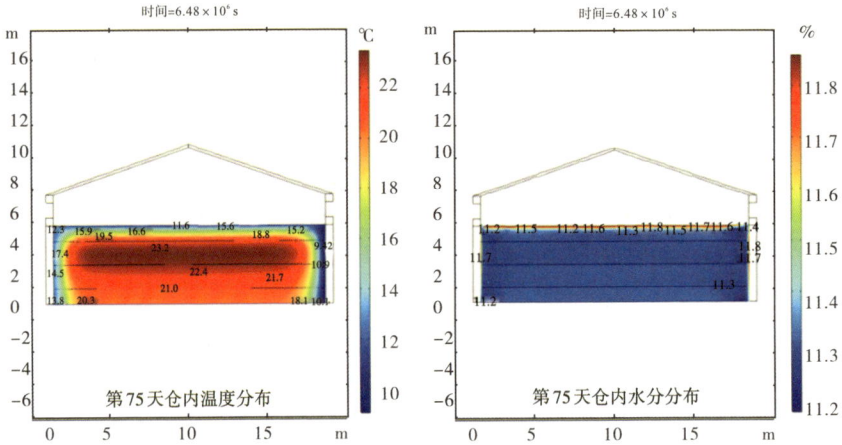

图7.23　宏观粮堆模拟结果(房式仓)(引自代表性论文153&155)

7.15　采后果蔬蓄冷传热性能评估和热力学优化方法

在果蔬等农产品预冷过程中,预冷不均是果蔬预冷损耗的一个主要原因。传统预冷过程存在能耗高、预冷时间长、预冷不均匀等问题,严重制约了我国农产品冷链物流发展,也造成了冷链物流的环境污染与高成本。因此,发展果蔬预冷过程的热力学优化新方法,对提升我国冷链物流水平及采后农产品的冷链物流品质尤为重要。本研究通过数值模拟揭示火积耗散等作为冷库预冷性能综合评估指标的可行性,通过实验测试与数据分析相结合,进一步验证新热力学优化方法的准确性、可行性。

研究验证了火积耗散等作为冷库预冷性能综合评估指标的可行性(图7.24),进而提出了基于火积耗散、炽损、场协同等原理的果蔬预冷过程热力学优化新方法。实验结果与数值模拟结果显示,利用新方法设计的样机对果蔬进行预冷,其通风能耗比压差预冷降低60%,总能耗降低20%~30%。新方法预冷时间也显著短于传统的冷库预冷。新方法7/8预冷时间(即将处理对象与预冷介质的温差降低到1/8时所需要的时间)比冷库预冷缩短12%左右,新方法温度非均匀性比冷库预冷降低10%左右。通过数值模拟物理场可视化(图7.25)和数据定量分析,提出综合性能评估指标,获得通过数值模拟的食品预冷性能评估和优化方法。研究获得了用于采后果蔬蓄冷传热性能评估的热力学优化方法。

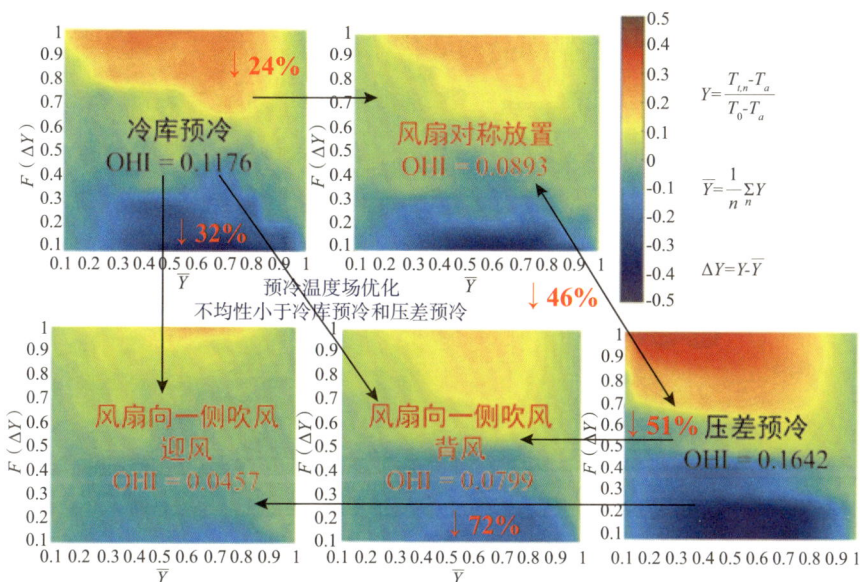

图7.24　样机对比实验验证火积耗散作为冷库预冷性能综合评估指标可行性
（引自代表性论文145）

Y是指无量纲的温度，$\bar{Y}$即横坐标表示平均无量纲化温度（代表整体预冷进程），ΔT为Y与$\bar{Y}$之差，F代表纵坐标代表各个位置相对平均无量纲化温度的偏离量的累计概率密度分布。OHI为整体均匀性指标（overall heterogeneity index），表示各个位置相对平均无量纲化温度的偏离量绝对值对横坐标和纵坐标的积分。

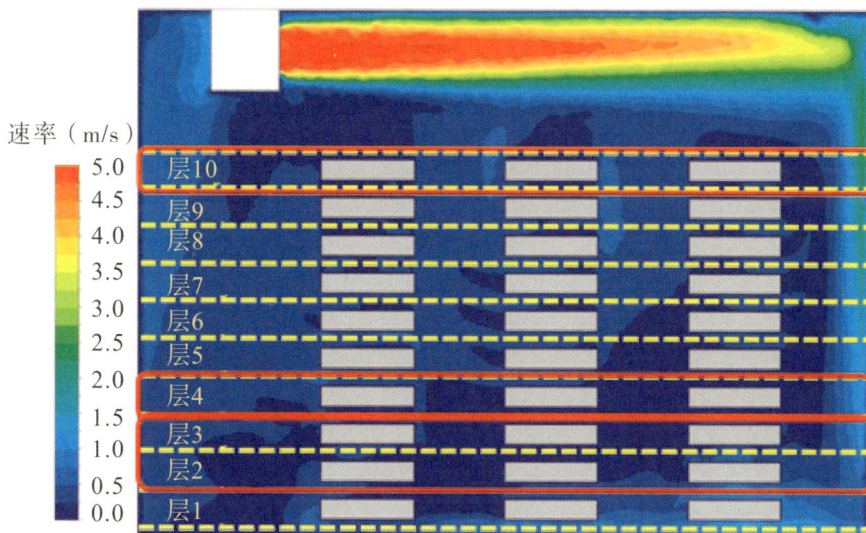

图7.25　样机数值模拟预冷过程优化方法（可视化）（引自代表性论文145）

7.16　水产"3T"货架期品质变化预测模型

水产品在贮运过程中极易发生腐败变质,而传统的品质指标检测方法繁琐、耗时,因此预测其货架期是水产品物流业迫切的需求。本研究设计了5组不同温度的贮藏实验,探讨三文鱼在不同贮藏温度下品质与货架期间的关系。通过分析贮藏期间三文鱼感官品质、色差(L值、a值)、pH值、菌落总数(TVC)、K值、挥发性盐基氮(TVB-N)及硫代巴比妥酸(TBA)等指标的变化,利用Arrhenius方程建立TVC、K值、TVB-N、TBA等品质指标与时间和温度对应的一级动力学模型。

通过对实验数据分析及模型理论推导,得到的货架期模型活化能分别为77.22 kJ/mol、57.39 kJ/mol、62.07 kJ/mol和56.41 kJ/mol,指前因子分别为2.72×10^{13}、1.06×10^{10}、6.63×10^{10}和1.09×10^{10}(图7.26)。经过模型验证表明,通过反应速率和温度的线性拟合,得到的货架期方程相关系数均大于0.9,拟合精度较高,各指标实测值与预测值相对误差在5%之内。由此建立的货架期模型能够较为准确地对0~20℃贮运条件下的三文鱼品质进行预测。研究建立的三文鱼"3T"货架期预测模型精度高、简单易操作,对水产贮藏物流品质预测有重要作用。

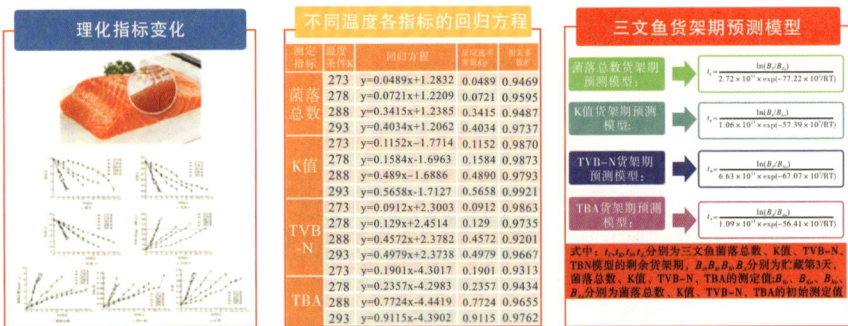

图7.26　三文鱼货架期预测模型的建立(引自代表性论文157&159)

第8章 生鲜食用农产品贮藏物流研究展望

8.1 生鲜食用农产品贮藏物流研究趋势

随着组学的发展,代谢物指纹图谱构建、代谢相关结构基因及关联的转录因子的功能鉴别、转录机制解析与调控网络构建成为生物学研究的重要内容与发展趋向。本研究明确了生鲜食用农产品产后衰老与品质劣变的生物学机制;解析了贮藏物流过程中环境因子与品质控制的耦合效应;挖掘了生鲜物流品质劣变的关键基因和调控因子,并明晰了其调控路径。低温是控制生鲜食用农产品采后品质劣变与损耗的核心手段,研究就蓄冷传热机制及其与品质控制的耦合效应展开,为阐明生鲜食用农产品对贮藏物流温度等环境因子的应答机制提供一个新的突破口。

展望未来,生鲜食用农产品产后衰老控制与品质维持仍将是长期的核心主题。品质劣变不仅会进一步发展成腐烂,而且因不利于商品性维持导致商品损耗。品质劣变是一系列相关物质代谢的结果。利用代谢组学手段有望挖掘出品质劣变早期标志物,相关工作在肉类和水产品已有所突破,果蔬产品的同类工作有待攻关。代谢是一系列酶促反应的组合。有关代谢关键酶及其编码基因鉴别工作仍将持续,代谢调控机制将是未来一段时期内的研究重点。转录调控机制研究将进一步深入,转录因子种类、果实类型及调控模式将得到拓展丰富;转录后/翻译后调控及表观遗传修饰等新的领域将逐渐得到探索,特别在果实成熟衰老领域相关机制将率先得以探明(图8.1)。通过控制微环境对代谢实施调控仍将是根本手段,环境调控代谢的机制解析及生理失调的减缓途径是未来研究的又一个重点。

有害微生物是致使生鲜食用农产品品质劣变,从而引起腐烂损耗的核心因素。有害微生物代谢过程研究、代谢关键酶及其编码基因鉴别工作仍将持续。

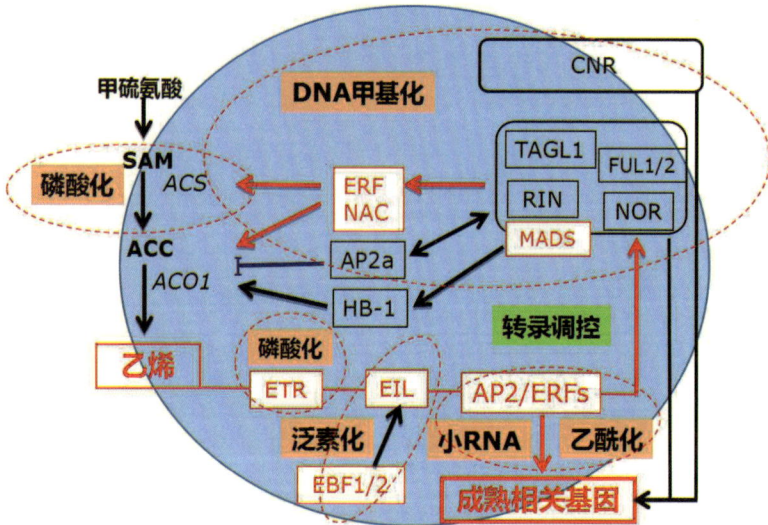

图 8.1　果实成熟表观遗传学及转录后调控机制研究动向

SAM 为 S−腺苷甲硫氨酸;ACS 为 1−氨基环丙烷−1−羧酸合酶;ACC 为 1−氨基环丙烷−1−羧酸;ACO1 为 1−氨基环丙烷−1−羧酸氧化酶 1;ETR 为乙烯受体;EIL 为 ethylene insensitive 3−like。

更重要的是,生鲜食用农产品(作为微生物基质)、所处环境因素、微生物三者之间的互作关系逐渐被关注。因此,生鲜食用农产品致劣变微生物及其调控机制研究的未来趋势是:从微生物信号传导、蛋白互作、磷酸化、泛素化、小 RNA(sRNA)调控等角度出发,解析温度、水活度、光、营养物质、防腐剂等环境因子耦合调控腐败微生物生长和次级代谢的调控机制;以生鲜食用农产品保鲜保质为导向,明晰环境条件、致劣变微生物导致的农产品品质劣变主要指标,解析生鲜食用农产品对环境的应激反应机制;揭示生鲜食用农产品、致劣变微生物与环境的互作模式,阐明致劣变微生物防控机制,挖掘生鲜食用农产品防腐减损的分子靶标。

品质劣变是内因和外因共同作用的结果,内因是生鲜食用农产品基于内在代谢的衰老和生理失调过程,外因则是致腐微生物。贮藏物流微环境可通过内因和外因施加影响,是品质劣变控制首要考虑的因素。通过生物学和工程学交叉研究,在温度和水分因子上取得的良好进展,可进一步整合大数据处理和人工智能技术,就具体生鲜食用农产品采后品质变化构建理想的贮藏物流微环境模型,并研制适用模型的超级冷链温度控制和粮堆质热传递体系,以及配套装备,实现生鲜食用农产品产后品质劣变控制的智能化和信息化。同时,相对温度这一参数,微环境气体成分调控机制的研究较为滞后,可作为今后研究的一大重点,预计结合配套包装和装备,这一领域也将获得发展。

8.2　生鲜食用农产品贮藏物流研究的重点方向

我国生鲜食用农产品的贮藏保鲜技术研究自"六五"起陆续有一些国家计划项目支持。"十一五"以来,国家在这一领域的支持力度加大,生鲜食用农产品贮藏物流研究从"静态"贮藏向"动态"物流转变,冷链物流核心技术研发与示范应用得以全面推进,冷链物流现代技术体系在一些品类上得以建立和完善。但不可否认的是,品质劣变和腐烂损耗这两大核心问题仍没有得到彻底解决。展望未来,这一问题的解决仍需以理论突破为基础,前沿技术研发为关键,技术集成和示范应用为途径,通过产业链、创新链和技术链的三链深度融合和产学研一体化发展来实现(图8.2)。

首先,生鲜食用农产品采后生物学领域的诸多科学问题有待持续攻克。这些问题尤其集中于成熟衰老、品质劣变、腐烂损耗、发育(成熟衰老)阶段与环境响应等方面。现已鉴别的诸多对成熟调控起促进或抑制的启动因子的作用强度、顺序,以及彼此间的互作关系等均需厘清,新的成熟启动因子尚需深入挖掘;品质劣变所涉及的代谢途径和关键调控位点尚未全部探明,劣变早期标志物需进一步鉴别,相关代谢的调控机制仍需深入研究;导致腐烂发生的病原鉴别和微生物学特征分析、致腐强度及其机制等相关研究尚不透彻,生鲜食用农产品的抗病/感病能力及其与致腐微生物的互作机制等也不甚明了。与此同时,关联成熟衰老、品质劣变、腐烂损耗的一系列内外因子,特别是发育(成熟衰老)阶段(内因)和物流微环境(外因)的相互作用及其机制需重点关注。通过生物技术手段,特别是基因编辑技术,改善生鲜食用农产品产后贮藏物流性状仍是值得期待的重要路径。

其次,基于生鲜食用农产品采后生物学相关理论的突破,开发对应的前沿调控技术也是研究的重中之重。例如,针对成熟衰老的新型保鲜剂需要研发,一方面是新的原药挖掘,另一方面是新剂型的研创,以破解我国具自主知识产权的保鲜剂匮乏之困境。在品质劣变调控方面,针对品质劣变关联代谢的直接化学调控技术几近空白,需要多学科联合攻关突破;基于改变温度、湿度和气体等贮藏物流微环境因子或影响成熟衰老进程的间接调控措施,仍将是今后一段时间的研发重点。在腐烂损耗控制方面,化学调控仍将是重点,特别是高效安全的新型防腐剂原药和新剂型的开发;生物保鲜、生物与化学联用保鲜等新途径值得探索。

第三,需要研发有助于控制生鲜食用农产品品质劣变与调控贮藏物流微环境的配套包装与装备。机械损伤是影响生鲜食品采后衰老和品质劣变及腐烂损耗的一个主要外因,除了需要从遗传(如耐伤品种)、发育阶段(如采收成熟度)及物流微环境(如低温)和化学等角度研发调控措施外,还需要研制适于生鲜食用农产品的环境友好型新型包装材料,以实现防压防震等目的。此外,基于生鲜食用农产品对物流微环境需求,研发有利于保湿和调节气体的包装材料及在包装材料中复合防腐保鲜剂,也是未来物流包装领域研究的一项重要内容。品质劣变的环境调控也有赖于装备研发,快速高效预冷、精准控温控湿和气体调控的物流环境精准耦合控制装备等需要研制和完善。

最后,需要在生鲜食用农产品采后生物学相关理论指导下,基于所研发的核心技术及重要配套包装和装备,整合集成产业上已有成熟技术和相适应的智能化感控等物流管控平台,实现创新链、技术链和产业链的三链深度融合,形成技术标准,开展规模化示范应用,通过产学研一体化发展,破解生鲜食用农产品贮藏物流品质劣变和腐烂损耗严重这一瓶颈问题,最终助力生鲜食用农产品产业转型升级和持续发展(图8.2)。

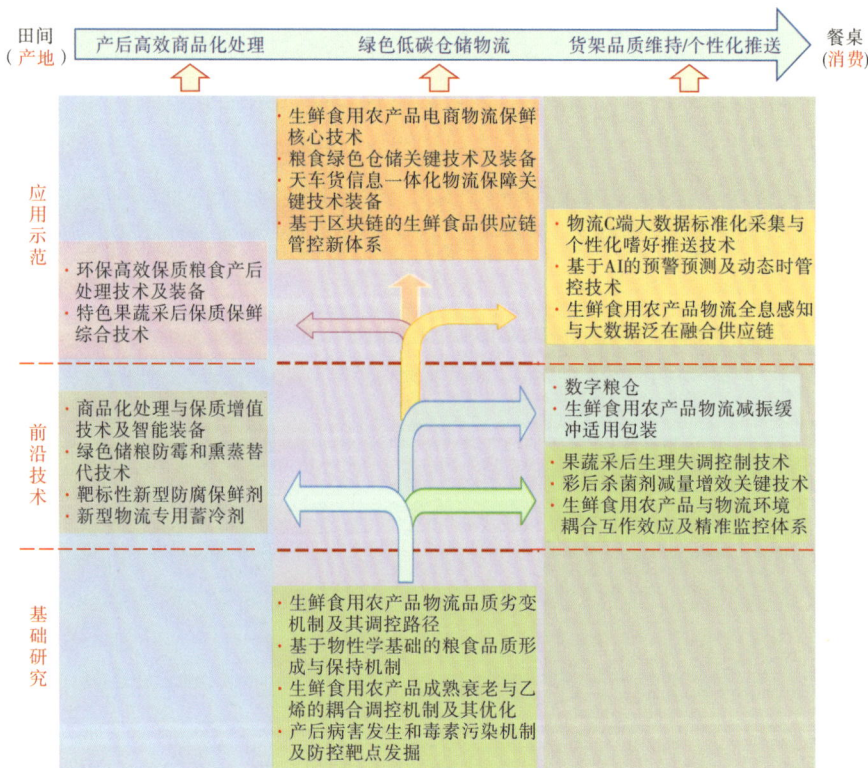

图8.2 生鲜食用农产品贮藏物流的重点方向树状图

附录　代表性论文

[1] Cheng JF, Niu QF, Zhang B, Chen KS, Yang RH, Zhu JK, Zhang YJ, Lang ZB. Downregulation of RdDM during strawberry fruit ripening. *Genome Biology*, 2018, 19:212.

[2] Liu YD, Tang MF, Liu MC, Su DD, Chen J, Gao YS, Mondher B, Li ZG. The molecular regulation of ethylene in fruit ripening. *Small Methods*, 2020, 4(8):1900485.

[3] Lyu HN, Liu HW, Keller NP, Yin WB. Harnessing diverse transcriptional regulators for natural product discovery in fungi. *Natural Product Reports*, 2020, 37(1):6-16.

[4] Duan Y, Wang GB, Fawole OA, Verboven P, Zhang XR, Wu D, Opara UL, Nicolai B, Chen KS. Postharvest precooling of fruit and vegetables: A review. *Trends in Food Science & Technology*, 2020, 100:279-291.

[5] Shi YN, Vrebalov J, Zheng H, Xu YM, Yin XR, Liu WL, Liu ZM, Sorensen I, Su GQ, Ma QY, Evanich D, Rose JKC, Fei ZJ, van Eck J, Thannhauser T, Chen KS, Giovannoni JJ. A tomato LATERAL ORGAN BOUNDARIES transcription factor, SlLOB1 predominantly regulates cell wall and softening components of ripening. Proceedings of the National Academy of Sciences of the United States of America, 2021. Accepted.

[6] Zhang B, Tieman D, Jiao C, Xu YM, Chen KS, Fei ZJ, Giovannoni J, Klee H. Chilling induced tomato flavor loss is associated with altered volatile synthesis and transient changes in DNA methylation. *Proceedings of the National Academy of Sciences of the United States of America*, 2016, 113:12580-12585.

[7] Li XP, Li J, Zhou GH, Lv LC. Quantitative analysis of passive seasonal cold storage with a two-phase closed thermosyphon. *Applied Energy*, 2020, 260:114250.

[8] Li S, Chen KS, Grierson D. A critical evaluation of the role of ethylene and MADS transcription factors in the network controlling fleshy fruit ripening. *New Phytologist*,

2019,221(4):1724-1741.

[9]Li S, Zhu BZ, Pirrello J, Xu CJ, Zhang B, Bouzayen M, Chen KS, Grierson D. Roles of RIN and ethylene in tomato fruit ripening and ripening-associated traits. *New Phytologist*,2019,226(2):460-475.

[10]Liang Q, Deng H, Li YX, Liu ZY, Shu P, Fu R, Zhang YX, Pirrello J, Zhang Y, Grierson D, Bouzayen M, Liu YS, Liu MC. Like Heterochromatin Protein 1b represses fruit ripening via regulating the H3K27me3 levels in ripening-related genes in tomato. *New Phytologist*,2020,227(2):485-497.

[11] Liu MC, Chen Y, Chen Y, Shin JH, Mila I, Audran C, Zouine M, Pirrello J, Bouzayen M. The tomato Ethylene Response Factor Sl-ERF.B3 integrates ethylene and auxin signaling via direct regulation of *Sl-Aux/IAA27*. *New Phytologist*,2018,219 (2):631-640.

[12]Wang RC, Shu P, Zhang C, Zhang JL, Chen Y, Zhang YX, Du K, Xie Y, Li MZ, Ma T, Zhang Y, Li ZG, Grierson D, Pirrello J, Chen K, Bouzayen M, Zhang B, Liu MC. Integrative analyses of metabolome and genome-wide transcriptome reveal the regulatory network governing flavor formation in kiwifruit (Actinidia chinensis). New Phytologist,2021. Accepted.

[13]Liu YQ, Strappe P, Zhou ZK, Blanchard C. Impact on the nutritional attributes of rice bran following various stabilization procedures. *Critical Reviews in Food Science and Nutrition*,2019,59(15):2458-2466.

[14]Liv YQ, Strappe P, Shang WT, Zhou ZK. Functional peptides derived from rice bran proteins. *Critical Reviews in Food Science and Nutrition*,2019,59(2):349-356.

[15]Wang Q, Yang QL, Wu W. Ensuring seafood safe to spoon:A brief review of biosensors for marine biotoxin monitoring. *Critical Reviews in Food Science and Nutrition*,2020. DOI:10.1080/10408398.2020.185417010.1080/
10408398.2020.1854170.

[16]Wu W, Yu C, Wang Q, Zhao F, He H, Liu C, Yang QL. Research advances of DNA aptasensors for foodborne pathogen detection. *Critical Reviews in Food Science and Nutrition*,2020,60(14):2353-2368.

[17]Xing FG, Yao H, Liu Y, Dai XF, Brown RL, Bhatnagar D. Recent developments and applications of hyperspectral imaging for rapid detection of mycotoxins and

mycotoxigenic fungi in food products. *Critical Reviews in Food Science and Nutrition*, 2019,59(1):173-180.

[18]Liu YD, Shi Y, Zhu N, Zhong SL, Mondher B, Li ZG. SlGRAS4 mediates a novel regulatory pathway promoting chilling tolerance in tomato. *Plant Biotechnology Journal*, 2020,18(7):1620-1633.

[19]Wang MM, Zhu QG, Deng CL, Luo ZR, Sun NJ, Grierson D, Yin XR, Chen KS. Hypoxia-responsive *ERFs* involved in postdeastringency softening of persimmon fruit. *Plant Biotechnology Journal*,2017,15(11):1409-1419.

[20]Xiao YY, Kuang JF, Qi XN, Ye YJ, Wu ZX, Chen JY, Lu WJ. A comprehensive investigation of starch degradation process and identification of a transcriptional activator MabHLH6 during banana fruit ripening. *Plant Biotechnology Journal*,2018, 16:151-164.

[21]Yang L, Huang W, Xiong FJ, Xian ZQ, Su DD, Ren MZ, Li ZG. Silencing of *SlPL*, which encodes a pectate lyase in tomato, confers enhanced fruit firmness, prolonged shelf-life and reduced susceptibility to grey mould. *Plant Biotechnology Journal*,2017,15(12): 1544-1555.

[22]Yuan YJ, Xu X, Luo YQ, Gong ZH, Hu XW, Wu MB, Liu YD, Yan F, Zhang, XL, Zhang WF, Tang YW, Feng BH, Li ZG, Jiang CZ, Deng W. R2R3 MYB-dependent auxin signalling regulates trichome formation, and increased trichome density confers spider mite tolerance on tomato. *Plant Biotechnology Journal*,2020,19(1):138-152.

[23]Shan W, Kuang JF, Wei W, Fan ZQ, Deng W, Li ZG, Bouzayen M, Pirrello J, Lu WJ, Chen JY. MaXB3 modulates MaNAC2, MaACS1, and MaACO1 stability to repress ethylene biosynthesis during banana fruit ripening. *Plant Physiology*,2020,184(2): 1153-1171.

[24]Tan WJ, Yang YC, Zhou Y, Huang LP, Xu L, Chen QF, Yu LJ, Xiao S. DIACYLGLYCEROL ACYLTRANSFERASE and DIACYLGLYCEROL KINASE modulate triacylglycerol and phosphatidic acid production in the plant response to freezing stress. *Plant Physiology*,2018,177(3):1303-1318.

[25]Zhang AD, Wang WQ, Tong Y, Li MJ, Grierson D, Ferguson I, Chen KS, Yin XR. Transcriptome analysis identifies a zinc finger protein regulating starch degradation in kiwifruit. *Plant Physiology*,2018,178(2):850-863.

[26]Zhang YY, Yin XR, Xiao YW, Zhang ZY, Li SJ, Liu XF, Zhang B, Yang XF, Grierson D, Jiang GH, Klee H, Chen K. An ETHYLENE RESPONSE FACTOR-MYB transcription complex regulates furaneol biosynthesis by activating *QUINONE OXIDOREDUCTASE* expression in strawberry. *Plant Physiology*, 2018, 178: 189-201.

[27]Zhu QG, Gong ZY, Huang J, Grierson D, Chen KS, Yin XR. High-CO$_2$/hypoxia-responsive transcription factors DkERF24 and DkWRKY1 interact and activate *DkPDC2* promoter. *Plant Physiology*, 2019, 180(1): 621-633.

[28]Wang GB, Zhang XR. Thermoeconomic optimization and comparison of the simple single-stage transcritical carbon dioxide vapor compression cycle with different subcooling methods for district heating and cooling. *Energy Conversion and Management*, 2019, 185: 740-757.

[29]Wang GB, Zhang XR. Thermodynamic analysis of a novel pumped thermal energy storage system utilizing ambient thermal energy and LNG cold energy. *Energy Conversion and Management*, 2017, 148: 1248-1264.

[30]Chen X, Zhu CX, Na YT, Ren DD, Zhang CH, He YF, Wang YW, Xiang S, Ren WH, Jiang YN, Xu L, Zhu PK. Compartmentalization of melanin biosynthetic enzymes contributes to self-defense against intermediate compound scytalone in *Botrytis cinerea*. *mBio*, 2021, 12: e00007-21.

[31]Wang K, Yin XR, Zhang B, Grierson D, Xu CJ, Chen KS. Transcriptomic and metabolic analyses provide new insights into chilling injury in peach fruit. *Plant, Cell & Environment*, 2017, 40(8): 1531-1551.

[32]Liu HR, Cao XM, Liu XD, Xin R, Wang JJ, Gao J, Wu BP, Gao LX, Xu CJ, Zhang B, Grierson D, Chen KS. UV-B irradiation differentially regulates terpene synthases and terpene content of peach. *Plant, Cell & Environment*, 2017, 40: 2261-2275.

[33]Ge H, Zhang J, Zhang YJ, Li X, Yin XR, Grierson D, Chen KS. EjNAC3 transcriptionally regulates chilling-induced lignification of loquat fruit via physical interaction with an atypical *CAD-like* gene. *Journal of Experimental Botany*, 2017, 68(18): 5129-5136.

[34]Kong XM, Zhou Q, Zhou X, Wei BD, Ji SJ. Transcription factor CaNAC1 regulates low-temperature-induced phospholipid degradation in green bell pepper. *Journal of Experimental Botany*, 2020, 71(3): 1078-1091.

[35]Li SJ, Yin XR, Wang WL, Liu XF, Zhang B, Chen KS. Citrus CitNAC62 cooperates with

CitWRKY1 to participate in citric acid degradation via up-regulation of *CitAco3*. *Journal of Experimental Botany*, 2017, 68: 3419-3426.

[36] Li X, Xu YY, Shen SL, Yin XR, Klee H, Zhang Bo, Chen KS. Transcription factor CitERF71 activates the terpene synthase gene *CitTPS16* involved in the synthesis of E-geraniol in sweet orange fruit. *Journal of Experimental Botany*, 2017, 68(17): 4929-4938.

[37] Wu BP, Cao XM, Liu HR, Zhu CQ, Klee H, Zhang B, Chen KS. UDP-glucosyltransferase *PpUGT85A2* controls volatile glycosylation in peach. *Journal of Experimental Botany*, 2019, 70(3): 925-936.

[38] Wu W, Wang MM, Gong H, Liu XF, Guo DL, Sun NJ, Huang JW, Zhu QG, Chen KS, Yin XR. High CO_2/hypoxia-induced softening of persimmon fruit is modulated by DkERF8/16 and DkNAC9 complexes. *Journal of Experimental Botany*, 2020, 71(9): 2690-2700.

[39] Yan F, Gao YS, Pang XQ, Xu X, Zhu N, Chan HE, Hu GJ, Wu MB, Yuan YJ, Li HH, Zhong SL, Hada W, Deng W, Li ZG. BEL1-LIKE HOMEODOMAIN4 regulates chlorophyll accumulation, chloroplast development, and cell wall metabolism in tomato fruit. *Journal of Experimental Botany*, 2020, 21(18): 5549-5561.

[40] Yuan YJ, Mei LH, Wu MB, Wei W, Shan W, Gong ZH, Zhang Q, Yang FQ, Yan F, Zhang Q, Luo YQ, Xu X, Zhang WF, Miao MJ, Lu WJ, Li ZG, Deng W. SlARF10, an auxin response factor, is involved in chlorophyll and sugar accumulation during tomato fruit development. *Journal of Experimental Botany*, 2018, 69(22): 5507-5518.

[41] Zhu QG, Gong ZY, Wang MM, Li X, Grierson D, Yin XR, Chen KS. A transcription factor network responsive to high CO_2/hypoxia is involved in deastringency in persimmon fruit. *Journal of Experimental Botany*, 2018, 69(8): 2061-2070.

[42] Bao JS, Ying YN, Zhou X, Xu YJ, Wu P, Xu FF, Pang YH. Relationships among starch biosynthesizing protein content, fine structure and functionality in rice. *Carbohydrate Polymers*, 2020, 237: 116118.

[43] Lin YF, Lin YZ, Lin YX, Lin MS, Chen YH, Wang H, Lin HT. A novel chitosan alleviates pulp breakdown of harvested longan fruit by suppressing disassembly of cell wall polysaccharides. *Carbohydrate Polymers*, 2019, 217: 126-134.

[44] Lin YX, Lin HT, Wang H, Lin MS, Chen YH, Fan ZQ, Hung YC, Lin YF. Effects of hydrogen peroxide treatment on pulp breakdown, softening, and cell wall polysaccharide metabolism in fresh longan fruit. *Carbohydrate Polymers*, 2020, 242: 116427.

[45] Wu TT, Wu CH, Fu SL, Wang LP, Yuan CH, Chen SG, Hu YQ. Integration of lysozyme into chitosan nanoparticles for improving antibacterial activity. *Carbohydrate Polymers*, 2017, 155: 192-200.

[46] Zhou X, Ying YN, Hu BL, Pang YH, Bao JS. Physicochemical properties and digestibility of endosperm starches in four indica rice mutants. *Carbohydrate Polymer*, 2018, 195: 1-8.

[47] Cao HH, Chen J, Yue M, Xu C, Jian W, Liu YD, Song BQ, Gao YQ, Cheng YL, Li ZG. Tomato transcriptional repressor MYB70 directly regulates ethylene-dependent fruit ripening. *The Plant Journal*, 2020, 104(6): 1568-1581.

[48] Cao XM, Wei CY, Duan WY, Gao Y, Kuang JF, Liu MC, Chen KC, Klee H, Zhang B. Transcriptional and epigenetic analysis reveals that NAC transcription factors regulate fruit flavor ester biosynthesis. *The Plant Journal*, 2021, 106(3): 785-800.

[49] Fan ZQ, Ba LJ, Shan W, Xiao YY, Lu WJ, Kuang JF, Chen JY. A banana R2R3-MYB transcription factor MaMYB3 is involved in fruit ripening through modulation of starch degradation by repressing starch degradation-related genes and MabHLH6. *The Plant Journal*, 2018, 96(6): 1191-1205.

[50] Li X, Tieman D, Liu ZM, Chen KS, Klee HJ. Identification of a lipase gene with a role in tomato fruit short-chain fatty acid-derived flavor volatiles by genome-wide association. *The Plant Journal*, 2020, 104(3): 631-644.

[51] Chai YF, Li A, Wai SC, Song CC, Zhao YY, Duan YQ, Zhang BQ, Lin Q. Cuticular wax composition changes of 10 apple cultivars during postharvest storage. *Food Chemistry*, 2020, 324: 126903.

[52] Chen YH, Xie HL, Tang JY, Lin MS, Hung YC, Lin HT. Effects of acidic electrolyzed water treatment on storability, quality attributes and nutritive properties of longan fruit during storage. *Food Chemistry*, 2020, 320: 126641.

[53] Fang HX, Luo F, Li PX, Zhou Q, Zhou X, Wei BD, Cheng SC, Zhou HS, Ji SJ. Potential of jasmonic acid (JA) in accelerating postharvest yellowing of broccoli by promoting its chlorophyll degradation. *Food Chemistry*, 2020, 309: 125737.

[54] Gao J, Wu BP, Gao LX, Liu HR, Zhang B, Sun CD, Chen KS. Glycosidically bound volatiles as affected by ripening stages of *Satsuma* mandarin fruit. *Food Chemistry*, 2018, 240: 1097–1105.

[55] Ge WY, Zhao YB, Kong XM, Sun HJ, Luo ML, Yao MM, Wei BD, Ji SJ. Combining salicylic acid and trisodium phosphate alleviates chilling injury in bell pepper (*Capsicum annuum* L.) through enhancing fatty-acid desaturation efficiency and water retention. *Food Chemistry*, 2020, 327: 127057.

[56] Ge WY, Kong XM, Zhao YB, Wei BD, Zhou Q, Ji SJ. Insights into the metabolism of membrane lipid fatty acids associated with chilling injury in post-harvest bell peppers. *Food Chemistry*, 2019, 395: 26–35.

[57] Guo H, Liu AR, Wang YR, Wang T, Zhang W, Zhu PK, Xu L. Measuring light-induced fungal ethylene production enables non-destructive diagnosis of disease occurrence in harvested fruits. *Food Chemistry*, 2020, 310: 125827.

[58] Han SK, Liu H, Han Y, He YH, Nan YY, Qu W, Rao JP. Effects of calcium treatment on malate metabolism and gamma-aminobutyric acid (GABA) pathway in postharvest apple fruit. *Food Chemistry*, 2021, 334: 127479.

[59] Lin YX, Lin HT, Chen YH, Wang H, Ritenour MA, Lin YF. Hydrogen peroxide-induced changes in activities of membrane lipids-degrading enzymes and contents of membrane lipids composition in relation to pulp breakdown of longan fruit during storage. *Food Chemistry*, 2019, 297: 124955.

[60] Lin YZ, Li N, Lin HT, Lin MS, Chen YH, Wang H, Ritenour MA, Lin YF. Effects of chitosan treatment on the storability and quality properties of longan fruit during storage. *Food Chemistry*, 2020, 306: 125627.

[61] Liu JG, Liu YQ, Jia M, Kang XD, Wang SM, Sun H, Liu M, Wang AQ, Strappe P, Zhou ZK. Association of enriched metabolites profile with the corresponding volatile characteristics induced by rice yellowing process. *Food Chemistry*, 2021, 349: 129173.

[62] Liu YQ, Liu JG, Wang R, Sun H, Li M, Strappe P, Zhou ZK. Analysis of secondary metabolites induced by yellowing process for understanding rice yellowing mechanism. *Food Chemistry*, 2021, 342: 128204.

[63] Liu YQ, Liu JG, Liu M, Liu YQ, Strappe P, Sun H, Zhou ZK. Comparative non-targeted metabolomic analysis reveals insights into the mechanism of rice yellowing.

Food Chemistry, 2020, 308: 125621.

[64] Luo F, Cheng SC, Cai JH, Wei BD, Zhou X, Zhou Q, Zhao YB, Ji SJ. Chlorophyll degradation and carotenoid biosynthetic pathways: Gene expression and pigment content in broccoli during yellowing. *Food Chemistry*, 2019, 297: 124-147.

[65] Lv C, Jin J, Wang P, Dai XF, Liu Y, Zheng MM, Xing FG. Interaction of water activity and temperature on the growth, gene expression and aflatoxin production by *Aspergillus flavus* on paddy and polished rice. *Food Chemistry*, 2020, 293: 472-478.

[66] Onik JC, Wai SC, Li A, Lin Q, Sun QQ, Wang ZD, Duan YQ. Melatonin treatment reduces ethylene production and maintains fruit quality in apple during postharvest storage. *Food Chemistry*, 2021, 337: 127753.

[67] Pang Y, Ahmed S, Xu Y, Beta T, Zhu Z, Shao Y, Bao J. Bound phenolic compounds and antioxidant properties of whole grain and bran of white, red and black rice. *Food Chemistry*, 2018, 240: 212-221.

[68] Xiao Y, Shang WT, Liu JG, Sun H, Strappe P, Zhou ZK. Analysis of the physiochemical properties of rice induced by postharvest yellowing during storage. *Food Chemistry*, 2020, 306: 125517.

[69] Hu N, Xian ZQ, Li N, Liu YD, Huang W, Yan F, Su DD, Chen JX, Li ZG. Rapid and user-friendly open-source CRISPR/Cas9 system for single- or multi-site editing of tomato genome. *Horticulture Research*, 2019, 6: 7.

[70] Jian W, Cao HH, Yuan S, Liu YD, Lu JF, Lu W, Li N, Wang JH, Zou J, Tang N, Xu C, Cheng YL, Gao YQ, Xi WP, Mondher B, Li ZG. SlMYB75, an MYB -type transcription factor, promotes anthocyanin accumulation and enhances volatile aroma production in tomato fruits. *Horticulture Research*, 2019, 6: 22.

[71] Luo F, Cai JH, Kong XM, Zhou Q, Zhou X, Zhao YB, Ji SJ. Transcriptome profiling reveals the roles of pigment mechanisms in postharvest broccoli yellowing. *Horticulture Research*, 2019, 6: 74-89.

[72] Yuan YJ, Xu X, Gong ZH, Tang YW, Wu MB, Yan F, Zhang XL, Zhang Q, Yang FQ, Hu XW, Yang QC, Luo YQ, Mei LH, Zhang WF, Jiang CZ, Lu WJ, Li ZG, Deng W. Auxin response factor 6A regulates photosynthesis, sugar accumulation, and fruit development in tomato. *Horticulture Research*, 2019, 6: 85.

[73] Zhu N, Yang YF, Ji MB, Wu D, Chen KS. Label-free visualization of lignin deposition

in loquats using complementary stimulated and spontaneous Raman microscopy, *Horticulture Research*, 2019, 6:72.

[74] Zhu N, Zhao CN, Wei YQ, Sun CD, Wu D, Chen KS. Biosynthetic labeling with 3-O-propargylcaffeyl alcohol reveals in vivo cell-specific patterned lignification in loquat fruits during development and postharvest storage, *Horticulture Research*, 2021, 8:61.

[75] Zhu QG, Xu Y, Yang Y, Guan CF, Zhang QY, Huang JW, Grierson D, Chen KS, Gong BC, Yin XR. The persimmon (*Diospyros oleifera* Cheng) genome provides new insights into the inheritance of astringency and ancestral evolution. *Horticulture Research*, 2019, 6:138.

[76] Zheng YJ, Ma K, Lyu HN, Huang Y, Liu HW, Liu L, Che YS, Liu XZ, Zou HX, Yin WB. Genetic manipulation of the COP9 signalosome subunit PfCsnE leads to the discovery of *Pestaloficins* in *Pestalotiopsis fici*. *Organic Letters*, 2017, 19 (17):4700-4703.

[77] Zhou S, Zhang P, Zhou H, Liu X, Li S, Guo L, Li K, Yin WB. A new regulator RsdA mediating fungal secondary metabolism has a detrimental impact on asexual development in *Pestalotiopsis fici*. *Environmental Microbiology*, 2019, 21(1):416-426.

[78] Huang WN, Nie YT, Zhu N, Yang YF, Zhu CQ, Ji MB, Wu D, Chen KS. Hybrid label-free molecular microscopies for simultaneous visualization of changes in cell wall polysaccharides of peach at single- and multiple-cell levels during postharvest storage. *Cells*, 2020, 9(3):761.

[79] Liu YD, Huang W, Xian ZQ, Hu N, Lin DB, Ren H, Chen JX, Su DD, Li ZG. Overexpression of SlGRAS40 in tomato enhances tolerance to abiotic stresses and influences auxin and gibberellin signaling. *Frontiers in Plant Science*, 2017, 8:1569.

[80] Yang L, Hu GJ, Li N, Habib S, Huang W, Li ZG. Functional characterization of SlSAHH2 in tomato fruit ripening. *Frontiers in Plant Science*, 2017, 8:1312.

[81] Wu BP, Gao LX, Gao J, Xu YY, Liu HR, Cao XM, Zhang B, Chen KS. Genome-wide identification, expression patterns, and functional analysis of UDP glycosyltransferase family in peach (*Prunus persica* L. Batsch). *Frontiers in Plant Science*, 2017, 8:389.

[82] Cao XM, Duan WY, Wei CY, Chen KS, Grierson D, Zhang B. Genome-wide identification and functional analysis of carboxylesterase and methylesterase gene families in peach (*Prunus persica* L. Batsch). *Frontiers In Plant Science*, 2020, 10:1511.

[83] Fan ZQ, Chen JY, Kuang JF, Lu WJ, Shan W. The banana fruit SINA ubiquitin ligase MaSINA1 regulates the stability of MaICE1 to be negatively involved in cold stress response. *Frontiers in Plant Science*, 2017, 8:995.

[84] Feng J, Zhang P, Cui YL, Li K, Qiao X, Zhang YT, Li SM, Cox RJ, Wu B, Ye M, Yin WB. Regio- and stereospecific O-glycosylation of phenolic compounds catalyzed by a fungal glycosyltransferase from *Mucor hiemalis*. *Advanced Synthesis & Catalysis*, 2017, 359(6):995-1006.

[85] Huang JY, Chen MY, Zhou YQ, Li Y, Hu YQ. Functional characteristics improvement by structural modification of hydroxypropyl methylcellulose modified polyvinyl alcohol films incorporating roselle anthocyanins for shrimp freshness monitoring. *International Journal of Biological Macromolecules*, 2020, 162:1205-1261.

[86] Li X, Ren YY, Jing J, Jiang YR, Yang QL, Luo SJ, Xing FG. The inhibitory mechanism of methyl jasmonate on *Aspergillus flavus* growth and aflatoxin biosynthesis and two novel transcription factors are involved in this action. *Food Research International*, 2021, 140.

[87] Zhang D, Duan XL, Shang B, Hong Y, Sun H. Analysis of lipidomics profile of rice and changes during storage by UPLC-Q-extractive orbitrap mass spectrometry. 2021. *Food Research International*, 142:110214.

[88] Lv C, Wang P, Ma LX, Zheng MM, Liu Y, Xing FG. Large-Scale Comparative Analysis of eugenol-induced/repressed genes expression in *Aspergillus flavus* using RNA-seq. *Frontiers in Microbiology*, 2018, 9:1116.

[89] Ren YY, Jin J, Zheng MM, Yang QL, Xing FG. Ethanol inhibits aflatoxin B-1 biosynthesis in *Aspergillus flavus* by up-regulating oxidative stress-related genes. *Frontiers in Microbiology*, 2020, 10:2946.

[90] Wang LM, Liu B, Jin J, Ma LX, Dai XF, Pan L, Liu Y, Zhao YJ, Xing FG. The complex essential oils highly control the toxigenic fungal microbiome and major mycotoxins during storage of maize. *Frontiers in Microbiology*, 2019, 10:1643.

[91] Wang Q, Yang QL, Wu W. Progress on structured biosensors for monitoring aflatoxin B1 from biofilms: A review. *Frontiers in Microbiology*, 2020, 11:408.

[92] Wang Q, Yang QL, Wu W. Graphene-Based steganographic aptasensor for information computing and monitoring toxins of biofilm in food. *Frontiers in Microbiology*, 2020,

10:3139.

[93]Zhu PK, Li QW, Azad SM, Qi Y, Wang YW, Jiang YN, Xu L. Fungal gene mutation analysis elucidating photoselective enhancement of UV-C disinfection efficiency toward spoilage agents on fruit surface. *Frontiers in Microbiology*, 2018, 9: 11411.

[94]Kong X, Wei B, Gao Z, Zhou Y, Shi F, Zhou X, Zhou Q, Ji S. Changes in membrane lipid composition and function accompanying chilling injury in bell peppers. *Plant and Cell Physiology*, 2018, 59: 167–178.

[95]Song CB, Yang YY, Yang TW, Ba LJ, Zhang H, Han YC, Xiao YY, Shan W, Kuang JF, Chen JY, Lu WJ. MaMYB4 recruits histone deacetylase maHDA2 and modulates the expression of omega-3 fatty acid desaturase genes during cold stress response in banana fruit. *Plant and Cell Physiology*, 2019, 60(11): 2410–2422.

[96]Fu CC, Han YC, Guo YF, Kuang JF, Chen JY, Shan W, Lu WJ. Differential expression of histone deacetylases during banana ripening and identification of MaHDA6 in regulating ripening-associated genes. *Postharvest Biology and Technology*, 2018, 141: 24–32.

[97]Huang WN, Zhu N, Zhu CQ, Wu D, Chen KS. Morphology and cell wall composition changes in lignified cells from loquat fruit during postharvest storage. *Postharvest Biology and Technology*, 2019, 157: 110975.

[98]Kong XM, Ge WY, Wei BD, Zhou Q, Zhou X, Zhao YB, Ji SJ. Melatonin ameliorates chilling injury in green bell peppers during storage by regulating membrane lipid metabolism and antioxidant capacity. *Postharvest Biology and Technology*, 2020, 170: 111315.

[99]Li H, Suo JT, Han Y, Liang CQ, Jin MJ, Zhang ZK, Rao JP. The effect of 1-methylcyclopropene, methyl jasmonate and methyl salicylate on lignin accumulation and gene expression in postharvest 'Xuxiang' kiwifruit during cold storage. *Postharvest Biology and Technology*, 2017, 124: 107–118.

[100]Li JY, Han Y, Hu M, Jin MJ, Rao JP. Oxalic acid and 1-methylcyclopropene alleviate chilling injury of 'Youhou' sweet persimmon during cold storage. *Postharvest Biology and Technology*, 2018, 137: 134–141.

[101]Lin LJ, Lin YX, Lin HT, Lin MS, Ritenour MA, Chen YH, Wang H, Hung YC, Lin YF.

Comparison between 'Fuyan' and 'Dongbi' longans in aril breakdown and respiration metabolism. *Postharvest Biology and Technology*, 2019, 153: 176-182.

[102] Lin YL, Fan LQ, Xia XH, Wang ZK, Yin YP, Cheng YL, Li ZG. Melatonin decreases resistance to postharvest green mold on citrus fruit by scavenging defense-related reactive oxygen species. *Postharvest Biology and Technology*, 2019, 153: 21-30.

[103] Meng J, Zhou Q, Zhou X, Fang HX, Ji SJ. Ethylene and 1-MCP treatments affect leaf abscission and associated metabolism of Chinese cabbage. *Postharvest Biology and Technology*, 2019, 157: 110963.

[104] Min T, Xie J, Zheng ML, Yi Y, Hou WF, Wang LM, Ai YW, Wang HX. The effect of different temperatures on browning incidence and phenol compound metabolism in fresh-cut lotus (*Nelumbo nucifera* G.) root. *Postharvest Biology and Technology*, 2018, 123: 69-76.

[105] Qi XN, Xiao YY, Fan ZQ, Chen JY, Lu WJ, Kuang JF. A banana fruit transcriptional repressor MaERF10 interacts with MaJAZ3 to strengthen the repression of JA biosynthetic genes involved in MeJA-mediated cold tolerance. *Postharvest Biology and Technology*, 2016, 120: 222-231.

[106] Suo JT, Li H, Ban QY, Han Y, Meng K, Jin MJ, Zhang ZK, Rao JP. Characteristics of chilling injury-induced lignification in kiwifruit with different sensitivities to low temperatures. *Postharvest Biology and Technology*, 2018, 135: 8-18.

[107] Tang N, Chen N, Hu N, Deng W, Chen ZX, Li ZG. Comparative metabolomics and transcriptomic profiling reveal the mechanism of fruit quality deterioration and the resistance of citrus fruit against *Penicillium digitatum*. *Postharvest Biology and Technology*, 2018, 145: 61-73.

[108] Yang C, Duan WY, Xie KL, Ren CH, Zhu CQ, Chen KS, Zhang B. Effect of salicylic acid treatment on sensory quality, flavor-related chemicals and gene expression in peach fruit after cold storage. *Postharvest Biology and Technology*, 2020, 161: 111089.

[109] Zhang C, Duan WY, Chen KS, Zhang B. Transcriptome and methylome analysis reveals effects of ripening on and off the vine on flavor quality of tomato fruit. *Postharvest Biology and Technology*, 2020, 162: 111096.

[110] Zhu X, Luo J, Li Q, Li J, Liu T, Wang R, Chen W, Li X. Low temperature storage reduces aroma-related volatiles production during shelf-life of banana fruit mainly

by regulating key genes involved in volatile biosynthetic pathways. *Postharvest Biology and Technology*, 2018, 149:68–78.

[111] Zou J, Chen J, Tang N, Gao YQ, Hong MS, Wei W, Cao HH, Jian W, Li N, Deng W, Li ZG. Transcriptome analysis of aroma volatile metabolism change in tomato (*Solanum lycopersicum*) fruit under different storage temperatures and 1–MCP treatment. *Postharvest Biology and Technology*, 2018, 135:57–67.

[112] Li SJ, Wang WL, Ma YC, Liu SC, Grierson D, Yin XR, Chen KS. Citrus CitERF6 contributes to citric acid degradation via upregulation of CitAcl alpha 1, encoding ATP–Citrate lyase subunit alpha. *Journal of Agricultural and Food Chemistry*, 2020, 68(37):10081–10087.

[113] Cao XM, Xie KL, Duan WY, Zhu YQ, Liu MC, Chen KS, Klee H, Zhang B. Peach carboxylesterase PpCXE1 is associated with catabolism of volatile esters. *Journal of Agricultural and Food Chemistry*, 2019, 67:5189–5196.

[114] Fu CC, Han YC, Fan ZQ, Chen JY, Chen WX, Lu WJ, Kuang JF. The papaya transcription factor CpNAC1 modulates carotenoid biosynthesis through activating phytoene desaturase genes CpPDS2/4 during fruit ripening. *Journal of Agricultural and Food Chemistry*, 2016, 64:5454–5463.

[115] Guo YF, Zhang YL, Shan W, Cai YJ, Liang SM, Chen JY, Lu WJ, Kuang JF. Identification of two transcriptional activators MabZIP4/5 in controlling aroma biosynthetic genes during banana ripening. *Journal of Agricultural and Food Chemistry*, 2018, 66:6142–6150.

[116] Han SK, Nan YY, Qu W, He YH, Ban QY, Lv YR, Rao JP. Exogenous gamma–aminobutyric acid treatment that contributes to regulation of malate metabolism and ethylene synthesis in apple fruit during storage. *Journal of Agricultural and Food Chemistry*, 2018, 66(5):13473–13482.

[117] He YH, Li JY, Ban QY, Han SK, Rao JP. Role of Brassinosteroids in persimmon (*Diospyros kaki* L.) fruit ripening. *Journal of Agricultural and Food Chemistry*, 2018, 66:2637–2644.

[118] Luo DL, Ba LJ, Shan W, Kuang JF, Lu WJ, Chen JY. Involvement of WRKY transcription factors in abscisic–acid–induced cold tolerance of banana fruit. *Journal of Agricultural and Food Chemistry*, 2017, 65:3627–3635.

[119] Pang YH, Zhou X, Chen YL, Bao JS. Comparative phosphoproteomic analysis of the developing seeds in two indica rice (*Oryza sativa* L.) cultivars with different starch quality. *Journal of Agricultural and Food Chemistry*, 2018, 66: 3030-3037.

[120] Si X, Li YB, Jiang YG, Shang WT, Shui GH, Lam SM, Blanchard C, Strappe P, Zhou ZK. γ-aminobutyric acid attenuates high-fat diet-induced cerebral oxidative impairment via enhanced synthesis of hippocampal sulfatides. *Journal of Agricultural and Food Chemistry*, 2019, 67(4): 1081-1091.

[121] Si X, Shang WT, Zhou ZK, Shui GH, Lam SM, Blanchard C, Strappe P. Gamma-aminobutyric acid enriched rice bran diet attenuates insulin resistance and balances energy expenditure via modification of gut microbiota and short-chain fatty acids. *Journal of Agricultural and Food Chemistry*, 2018, 66(4): 881-890.

[122] Tong C, Bao JS. Analysis of lysophospholipid content in low phytate rice mutants. *Journal of Agricultural and Food Chemistry*, 2017, 65: 5435-5441.

[123] Wang Y, Zhang XF, Yang SL, Yuan YB. Lignin involvement in programmed changes in peach-fruit texture indicated by metabolite and transcriptome analyses. *Journal of Agricultural and Food Chemistry*, 2018, 66(48): 12627-12640.

[124] Zhu LS, Liang SM, Chen LL, Wu CJ, Wei W, Shan W, Chen JY, Lu WJ, Su XG, Kuang JF. Banana MaSPL16 modulates carotenoid biosynthesis during fruit ripening through activating the transcription of lycopene beta-cyclase genes. *Journal of Agricultural and Food Chemistry*, 2020, 68(5): 1286-1296.

[125] Cao YH, Gong YF, Zhang XR. Impact of ventilation design on the precooling effectiveness of horticultural produce-a review. *Food Quality and Safety*, 2020, 4(1): 29-40.

[126] Gao J, Zhang YX, Li ZG, Liu MC. Role of ethylene response factors (ERFs) in fruit ripening. *Food Quality and Safety*, 2020, 4(1): 15-19.

[127] Liang SM, Kuang JF, Ji SJ, Chen QF, Deng W, Min T, Shan W, Chen JY, Lu WJ. The membrane lipid metabolism in horticultural products suffering chilling injury. *Food Quality and Safety*, 2020, 4(1): 9-14.

[128] Luo F, Fang HX, Wei BD, Cheng SC, Zhou Q, Zhou X, Zhang X, Zhao YB, Ji SJ. Advance in yellowing mechanism and the regulation technology of post-harvested broccoli. *Food Quality and Safety*, 2020, 4(3): 107-113.

[129] Ma L, Shi YN, Grierson D, Chen KS. Research advance in regulation of fruit quality characteristics by microRNAs. *Food Quality and Safety*, 2020, 4(1): 1-7.

[130] Tai BW, Chang JH, Liu Y, Xing FG. Recent progress of the effect of environmental factors on *Aspergillus flavus* growth and aflatoxins production on foods. *Food Quality and Safety*, 2020, 4(1): 21-28.

[131] Wang GB, Zhang XR. Evaluation and optimization of air-based precooling for higher postharvest quality: literature review and interdisciplinary perspective. *Food Quality and Safety*, 2020, 4(2): 59-68.

[132] Xu X, Yuan YJ, Feng BH, Deng W. CRISPR/Cas9-mediated gene-editing technology in fruit quality improvement. *Food Quality and Safety*, 2020, 4(4): 159-166.

[133] Ying YB, Xiang YC, Liu JL, Chen X, Hu LP, Li YJ, Hu YQ. Optimization of ultrasonic-assisted freezing of *Penaeus chinensis* by response surface methodology. *Food Quality and Safety*, 2021, 5: 1-9.

[134] Cao YH. Variable property solution for the natural convection in horizontal concentric annuli: Effect of the temperature difference ratio-ScienceDirect. *International Journal of Heat & Mass Transfer*, 2017, 112: 805-809.

[135] Cao YH, Zhang Y. Investigation on the natural convection in horizontal concentric annulus using the variable property-based lattice Boltzmann flux solver. *International Journal of Heat & Mass Transfer*, 2017, 111: 1260-1271.

[136] Kriengkrai M, Vorapat L, Zhang B, Chen KS, Jingtair S. Offflavor caused by cold storage is related to induced activity of LOX and HPL in young coconut fruit. *LWT-Food Science and Technology*, 2019, 114: 108329.

[137] Wang XY, Xie J. Assessment of metabolic changes in *Acinetobacter johnsonii* and *Pseudomonas fluorescens* co-culture from bigeye tuna (*Thunnus obesus*) spoilage by ultra-high-performance liquid chromatography-tandem mass spectrometry. *LWT-Food Science and Technology*, 2020, 123: 109073.

[138] Li CJ, Xie XF, Xing FG, Xu L, Zhang J, Wang ZD. Glucose oxidase as a control agent against the fungal pathogen *Botrytis cinerea* in postharvest strawberry. *Food Control*, 2019, 105: 277-28.

[139] Tang Y, Zhu PK, Lu ZY, Qu Y, Huang L, Zheng N, Wang YW, Nie HZ, Jiang YN, Xu L. The photoreceptor components FaWC1 and FaWC2 of *Fusarium asiaticum*

cooperatively regulate light responses but play independent roles in virulence expression. *Microorganisms*, 2020, 8(3):365.

[140] Wang GB, Zhang XR. Thermodynamic evaluation of heat transfer heterogeneity: Comparative case studies on air cooling methods for postharvest apples. *Case Studies in Thermal Engineering*, 2020, 24(2):100832.

[141] Pan L, Chang P, Jin J, Yang QL, Xing FG. Dimethylformamide inhibits fungal growth and aflatoxin B-1 biosynthesis in *Aspergillus flavus* by down-regulating glucose metabolism and amino acid biosynthesis. *Toxins*, 2020, 12:11.

[142] Zhang P, Wang XN, Fan AL, Zheng YJ, Liu XZ, Wang SH, Zou HX, Oakley BR, Keller NP, Yin WB. A cryptic pigment biosynthetic pathway uncovered by heterologous expression is essential for conidial development in *Pestalotiopsis fici*. *Molecular Microbiology*, 2017, 105(3):469-483.

[143] Zhang XR. Natural future of energy utilization. *International Journal of Energy Research*, 2017, 41(15):757-760.

[144] Zhang XR. Super cold chain-a high quality, energy-efficient, and environment-friendly method. *International Journal of Energy Research*, 2017, 41(9):1225-1228.

[145] Wang GB, Zhang XR. Experimental performance comparison and trade-off among air-based precooling methods for postharvest apples by comprehensive multiscale thermodynamic analyses. *International Journal of Energy Research*, 2020, 44(3):1546-1566.

[146] Zhang Y, Cao YH. A numerical study on the non-Boussinesq effect in the natural convection in horizontal annulus. *Physics of Fluids*, 2018, 30(4):40902.

[147] Yu YJ, Yang SP, Lin T, Qian YF, Xie J, Hu CL. Effect of cold chain logistic interruptions on lipid oxidation and volatile organic compounds of salmon (*Salmo salar*) and their correlations with water dynamics. *Frontiers in Nutrition*, 2020, 7:155.

[148] Liu JG, Liu M, Liu YQ, Jia M, Wang SM, Kang XD, Sun H, Strappe P, Zhou ZK. Moisture content is a key factor responsible for inducing rice yellowing. *Journal of Cereal Science*, 2020, 94:102988.

[149] Xu YJ, Ying YN, Ouyang SH, Duan XL, Sun H, Jiang SK, Sun SC, Bao JS. Factors affecting sensory quality of cooked japonica rice. *Rice Science*, 2018, 25(6):330-339.

[150]Ma MM, Yuan YB, Cheng CX, Zhang Y, Yang SL. The *MdXTHB* gene is involved in fruit softening in 'Golden Del. Reinders' (*Malus pumila*). *Journal of the Science of Food and Agriculture*. 2020,101(2):564–572.

[151]Huang YJ, Qiu LN, Wang YZ, Yuan YB, Qu HY. Ca^{2+} efflux is negatively correlated with apple firmness. *Scientia Horticulturae*. 2020,270:109439.

[152]Wang S, Xiang W, Fan HZ, Xie J, Qian YF. Study on the mobility of water and its correlation with the spoilage process of salmon (*Salmo solar*) stored at 0 and 4 A degrees C by low-field nuclear magnetic resonance (LF NMR H-1). *Journal of Food Science and Technology*, 2018,55(1):173–182.

[153]Yang KM, Wang YC, Mao YD, Zhang WK. Heat and moisture transfer in a rectangular cavity partially filled with hygroscopic porous media, *Heat Transfer Engineering*, 2020, 41(9-10):814–824.

[154]Gao YS, Zheng QY, Zhang XR. Numerical investigation of Marangoni effect during precooling of fruits and vegetables. *Journal of Food Processing and Preservation*, 2019,43:4.

[155]戚禹康,王远成,鲁子枫,俞晓静.稻谷自然储藏多尺度热湿耦合传递研究.中国粮油学报,2019,34(6):109–113.

[156]王若兰,悦燕飞,渠琛玲,赵玲丽.玉米储藏过程中结露的临界点.食品工业,2019,40(4):172–175.

[157]吴行印,谢晶,张新林,王旭.动力学模型预测三文鱼在不同温度的货架期.包装工程,2017,38(3):1–6.

[158]张瑞迪,王若兰,渠琛玲,耿宪洲.偏高水分稻谷储藏过程中湿热转移规律及结露临界参数.河南工业大学学报(自然科学版),2020,41(4):94–99.

[159]张新林,谢晶,钱韵芳,杨胜平.不同温度条件下三文鱼中荧光假单胞菌生长预测模型的建立.食品科学,2017,38(21):74–79.

图书在版编目（CIP）数据

生鲜食用农产品物流环境适应性及品质控制机制 / 陈昆松，徐昌杰主编. — 杭州 : 浙江大学出版社，2021.9

ISBN 978-7-308-21479-7

Ⅰ.①生… Ⅱ.①陈… ②徐… Ⅲ.①农产品—冷冻食品—物流管理—研究 Ⅳ.①F252.8

中国版本图书馆CIP数据核字(2021)第110841号

生鲜食用农产品物流环境适应性及品质控制机制
陈昆松　徐昌杰　主编

策　　划	徐有智　许佳颖	
责任编辑	潘晶晶	
责任校对	季　峥	
封面设计	周　灵	
出版发行	浙江大学出版社	
	（杭州市天目山路148号　邮政编码310007）	
	（网址:http://www.zjupress.com）	
排　　版	杭州朝曦图文设计有限公司	
印　　刷	浙江省邮电印刷股份有限公司	
开　　本	710mm×1000mm　1/16	
印　　张	9	
字　　数	162千	
版 印 次	2021年9月第1版　2021年9月第1次印刷	
书　　号	ISBN 978-7-308-21479-7	
定　　价	88.00元	